Carmen Fischer · Helmut Walter

Mountainbiken auf Sizilien

19 ausgewählte Touren

Mit Roadbooks

Delius Klasing Verlag

Grazie a tutti: Piero Gugliotta (Modica), Nino Mendola (Catania), Guglielmo Carnemolla (Ragusa), Gerrit Curcio & Dario Favagnano(Cefalù); Herzlichen Dank an die Testbiker: Dr. Peter Peer (Tux), Björn Peters (Berlin), Mathias Müller (Essen), Hanna und Bernd Roßberg (Kulmbach).

Die Autoren:
Carmen Fischer (1972) und Helmut Walter (1967), seit vielen Jahren aktiv mit Tourenrädern und Mountainbikes auf Sizilien unterwegs, Hüttenwarte einer Alpenvereinsunterkunft in Oberbayern (www.haus-hammer.info), Radtouren- und Mountainbike-Guides für den DAV und den ADFC; Webmaster der Homepage www.sizilien-rad.de, zahlreiche Sizilien-Veröffentlichungen in Fahrradfachliteratur und Autoren eines allgemeinen Fahrradreiseführers Sizilien.

Bibliografische Information Der Deutschen Bibliothek
Die Deutsche Bibliothek verzeichnet diese Publikation in der
Deutschen Nationalbibliografie; detaillierte bibliografische
Daten sind im Internet über »http://dnb.ddb.de« abrufbar.

1. Auflage
ISBN 3-7688-5221-0
© Moby Dick Verlag, Postfach 3369, D-24032 Kiel

Umschlaggestaltung: Buchholz/Hinsch/Hensinger, Hamburg
Kartografie: PlanStelle, Hamburg
Layout: Karin Buschhorn
Druck und Bucheinband: J.P. Himmer GmbH & Co. KG, Augsburg
Printed in Germany 2005

Alle Rechte vorbehalten! Ohne ausdrückliche Erlaubnis des Verlages darf das Werk, auch nicht Teile daraus, weder reproduziert, übertragen noch kopiert werden, wie z.B. manuell oder mithilfe elektronischer und mechanischer Systeme einschließlich Fotokopieren, Bandaufzeichnung und Datenspeicherung.

Vertrieb: Delius Klasing Verlag, Siekerwall 21, D-33602 Bielefeld
Tel. 0521/559-0, Fax 0521/559-115
E-Mail: info@delius-klasing.de
www.delius-klasing.de

Inhalt

Vorwort 7
Wissenswertes 9
    Anreise 9
    Bikezeit 10
    Öffnungszeiten 10
    Straßenkarten 11
    Telefonieren 12
    Klima 13
    Geografie, Geologie, Topografie 14
    Geschichte und Wirtschaft 15
    Bike-Vokabeln 19
Unterwegs 20
    Bikegebiete 20
    Ausrüstung 21
    Bikeverleih 21
    Bikeshop – Reparaturwerkstatt 21
    Handhabung des Buches 23

Bikegebiet Monti Iblei 24
Tour 1: Cava Grande 26
Tour 2: Ex Ferrovia Pantalica 30
Tour 3: Plaia Grande 34
Tour 4: Capra d'Oro 38
Tour 5: Canalazzo 42
Tour 6: Misericordia 46

Bikegebiet Parco delle Madonie 50
Tour 7: Pollina 52
Tour 8: Gibilmanna 54
Tour 9: Giro di Isnello 58
Tour 10: Giro di Castelbuono 62

Bikegebiet Parco dell'Etna 66

Tour 11: Monte Nero 68

Tour 12: Ginestra dell'Etna 72

Tour 13: Grande Giro dell'Etna 76

Bikegebiet Transsizilien: 332 km, 8115 hm, 6 Tage 80

Tour 14: Percorso Trans-Madonie 82

Tour 15: Fra Madonie e Nebrodi 85

Tour 16: Percorso Trans-Nebrodi 88

Tour 17: Percorso Trans-Nebrodi Ovest 92

Tour 18: Percorso Trans-Ätna 96

Tour 19: Ätna – Catania (Flughafen) 100

Ortsregister 104

Die Trinakria – das Symbol Siziliens

Vorwort

Während der Ätna-Eruption im Oktober 2002 waren wir gerade am Fuße des Vulkans unterwegs. Später sind wir mit einheimischen Bikern zu den sich langsam vorschiebenden Lavaströmen hinaufgestrampelt. Gleichzeitig wurden im 300 km entfernten Cefalù Pauschalreisen wegen der Gefahren des Ausbruchs storniert. Gegensätze wie diese sind auf der größten Insel im Mittelmeer Alltag. Meer und Schnee – saftige, blühende Landschaften und sonnenverbrannte, ausgedörrte Erde – Karstland und dicht bewaldete Gebirgszüge – lange, einsame Sandstrände und wild zerklüftete Steilküsten prägen das kontrastreiche Landschaftsbild. Mountainbiken auf Sizilien heißt, sich auf ein, besser gesagt auf viele Abenteuer einzulassen: auf das Abenteuer einsamer Forstwege und Trails in fast menschenleeren Bergregionen, auf das Abenteuer, über stillgelegte Eisenbahnstrecken barocke Prachtstädte und wilde Canyons zu entdecken, oder eben auf das Abenteuer Ätna: Vulkanbiking auf einem der aktivsten Feuerberge der Erde. Herrliche Ausblicke auf das tiefblaue Meer, eine artenreiche Vegetation und schon bald eine bemerkenswert intensive innere Stille sind dabei ständige Wegbegleiter.

Wer mit seinem Bike den Zugvögeln folgt, tut dies meist nicht nur, um andere Landschafts- und Vegetationszonen unter die Stollen zu nehmen, sondern vor allem, um die Saison früher zu beginnen bzw. später zu beenden, Sport mit Sonne, Strand, südländischem Flair und kulinarischen Genüssen zu kombinieren. Kaum ein Reiseziel wird diesen Vorstellungen besser gerecht als Sizilien. Große Naturparks, über 1000 km Küste, die meisten Sonnenstunden in Europa und eine vielfältige Kultur, die einem Schmelztiegel verschiedener Völker entsprang. Ob Griechen, Römer, Araber, Normannen, Spanier oder Franzosen – die Insel zwischen Morgen- und Abendland war 3000 Jahre im Fokus der »Alten« Welt. »Wer das antike Griechenland erleben will, reise ins Land, in dem die Zitronen blühen« –

Ostküste – im Hintergrund Taormina

7

so schwärmte bereits 1787 Johann Wolfgang von Goethe. Seine begeisterten Erzählungen haben damals einen wahren Reiseboom bei der kulturinteressierten Oberschicht Europas ausgelöst.

Unter Kulturfreaks steht Sizilien auch im 21. Jahrhundert hoch im Kurs – der Massentourismus hat die Insel nie erreicht. Vielleicht hat die Mafia ausländische Bettenburg-Investoren abgeschreckt, vielleicht haben die Sizilianer selbst aus den permanenten Fremdherrschaften gelernt, jedenfalls prägen heute kleine, familiär geführte Hotels, aber nur wenige Clubanlagen die Touristikbranche. Höhere Bettenkapazitäten gibt es in Taormina an der Ostküste, berühmt durch seine bezaubernde Lage und das aussichtsreiche Amphitheater, sowie im mittelalterlichen Städtchen Cefalù. Dort, an der Nordküste, verläuft das gebirgige Rückgrat der Insel, der bis zu 2000 Meter hohe sizilianische Apennin. Aus der markanten Inselform schufen Urvölker die noch heute allgegenwärtige Trinakria, ein Frauengesicht mit drei Beinen.

Nicht Drei-, sondern Tausendfüßler müsste man sein, um alle ehemaligen königlichen Hirtenwege und vergessene Maultierpfade zu entdecken. Zahlreiche Sizilianer haben uns beim Zusammenstellen der Touren geholfen. Die Gastfreundschaft und Hilfsbereitschaft der Menschen zählt für uns zu den schönsten Erfahrungen auf der Insel. Die Routen sind so ausgewählt, dass sowohl engagierte Genussbiker als auch ambitionierte Gipfelstürmer ein reiches Betätigungsfeld finden. Und »Betätigung« lohnt sich auf Sizilien schon alleine wegen der kulinarischen Verführungen. Auf der Insel isst man nicht, um zu biken – man biket, um zu essen. Wer die italienische Küche mag, wird die sizilianische lieben. Die fruchtbare Insel mit ihrem mediterranen Klima verwöhnt ausgehungerte Biker mit erntefrischen Köstlichkeiten: leckere Pasta und Pizza, Fisch und Fleisch, serviert mit schmackhaftem Obst und Gemüse, gefolgt von verführerischem »dolce« aus Pistazien, Mandeln oder Gelato.

Dort oben am Ätna, wo wir im Oktober 2002 gebannt auf rotglühende Lavamassen gestarrt haben, floss mancherorts die innere, noch flüssige Lava aus der bereits erstarrten, meterdicken äußeren Schicht heraus und neue Lavahöhlen konnten entstehen. Bereits im 9. Jahrhundert wurden diese von den Arabern genutzt, um Schnee bis in die Sommermonate zu konservieren. Schnee und Früchte – das ist der Stoff, aus dem die sizilianische Granità, aus der später das Speiseeis entstand, hergestellt wird. Den Stoff für eine große sportliche Herausforderung finden Sie im letzten Kapitel dieses Buches. Bike-Stoff für eine sechstägige, kräftezehrende Inseldurchquerung. Die eindrucksvollen 320 km und 8800 Höhenmeter der Transsizilien-Tour erfordern gute Kondition, fortgeschrittene Fahrtechnik und eine weiche Federung. »Biken bis die Reifen brennen« – vor Begeisterung für das andere, unentdeckte Sizilien – ein Sizilien, wie es nur mit dem Mountainbike erfahren werden kann.

Auguri e buon pedalato

Tempio di Segesta

Wissenswertes

Nordküste – Lagunen vor Tindari

Anreise
Eintausensiebenhundert Reisekilometer trennen München von Messina.

... mit dem Zug
nur möglich, wenn die Räder in einer Radtasche (-koffer) verstaut als Reisegepäck mitgenommen werden. Es gibt keine vernünftige Verbindung mit Radwaggons.
Alternativ ist eine Bahnfahrt zu den Fährhäfen Genua oder Livorno sinnvoll.

... mit Bus und Fähre
zwei Bus-Unternehmen fahren mit speziellen Fahrrad-Anhängern die Hafenstadt Livorno an. Firma Reisezeit, Telefon: 089-505050 und Firma Sinn und Traum, Telefon: 089-76701634, beide München.

... mit dem Flugzeug
Catania und Palermo sind bequem in 2–3 Stunden zu erreichen. Neben Linien- und Charterfliegern steuern auch einige Low-Cost-Airlines Palermo und Catania an (derzeit HLX und Windjet). Linienflüge sind in der Regel teurer und mit einer Zwischenlandung verbunden. Beim Umladen werden die Velos leider nicht immer mit Samthandschuhen behandelt. Für den Fahrradtransport wird eine Pauschale zwischen 10 und 25 Euro verlangt. Wichtig: bei der Flugbuchung auf die Radmitnahme hinweisen. Bezahlt wird der Transport am Flughafenschalter der Airline, abgegeben wird das Rad am Sperrgepäck-Schalter.

Radtransport im Flugzeug: Lenker querstellen, Pedale abmontieren. Es empfiehlt sich, den Rahmen mit in Streifen geschnittener Luftpolsterfolie etc. zu schützen. Manchmal wird ein Abdecken der Antriebselemente gefordert, um das Verschmutzen von anderen Gepäckstücken zu verhindern. Außerdem soll der Reifendruck reduziert werden. Unverpackte Fahrräder werden meist freundlicher behandelt als sperrige Radkartons oder Radtaschen.

Wissenswertes

Zitronenblüten

... mit dem Auto
Treibstoff, Pickerl, Vignette und Autobahngebühr treiben die Kosten in die Höhe. 50 Euro (einfach) sind allein für die italienische Autobahn bis Neapel zu berappen. Danach ist die Autobahn kostenlos, jedoch mit Kurven, Bergen und Baustellen »aufgelockert«.

... mit dem Fahrrad
es gibt sie – die Transalp-Stiefelspitzenradler!!!

... mit der Fähre
Fährpreise sind saisonabhängig, Schlafsitze sind wesentlich günstiger als Kabinen, der Zuschlag für ein Fahrrad beträgt zwischen 10 und 20 Euro/Fahrt.

Genua – Palermo: 20 Stunden
Livorno – Palermo: 17 Stunden
Neapel – Palermo: 11 Stunden
Neapel – Catania: 10 Stunden

Bikezeit
»Im Frühjahr zum Staunen, im Herbst zum Genießen«, so die immer noch gültige Empfehlung von Goethe. Die ideale Jahreszeit im Bikegebiet Monti Iblei ist von Mitte März bis Ende Mai und von Ende September bis Ende November.
Für die anderen drei Regionen und die Transsizilien-Tour gilt dies von Mitte April bis Mitte Juni und von Mitte September bis Ende Oktober. Mit Beginn der Schulferien im Juli (bis Ende August) steigen Temperaturen und Übernachtungspreise in schwindelerregende Höhen.

Badesaison
Das Mittelmeer erreicht meist erst Mitte Mai Badetemperatur und bleibt dann gewöhnlich bis Mitte November mollig warm.

Die blühende Insel
Der berühmte sizilianische Frühling, *la primavera siciliana*, beginnt zeitgleich mit der Mandelblüte und der Zitrusernte bereits ab Mitte Februar. In der Folgezeit (bis Ende Mai) verwandelt sich die Insel in ein buntes Blütenmeer. Besonders farbenfroh sind dann die Wiesen in den *Monti Iblei*. In den Hochlagen der Gebirgsregionen und am Ätna liegt oftmals bis in den April hinein reichlich Schnee, danach färbt die Ginsterblüte die Berghänge leuchtend gelb. Ab Mitte Oktober stellen viele Pflanzen ihre Blütenpracht erneut zur Schau.

Öffnungszeiten
Banken
Regional unterschiedlich, in der Regel Mo–Fr 8.30–12.30 Uhr und 15.00–16.00 Uhr
Via Geldautomat können mit EC- und Kreditkarte bei fast allen Banken, an Flughäfen und in großen Einkaufszentren Euro abgehoben werden. Gängige Kreditkarten werden von den meisten Hotels und Geschäften akzeptiert.
Bei Verlust die Karte unter folgenden Nummern sperren lassen:

0049-1805-021021 EC-Karte
001-3142756690 Sperrung Euro/Mastercard
001-410-5813836 VISA-Card

Euroschecks werden auch in Italien nicht mehr angenommen.

Wissenswertes

Kirchen
Zwischen 7 und 12 Uhr und 16 bis 20 Uhr. Während der Messen sollte von einer Besichtigung abgesehen werden. Im streng katholischen Sizilien gebietet es der Anstand, die herrlichen Kirchen nicht in kurzer Radhose zu betreten. Wer also mehr als nur hineinäugeln will, sollte für ein langes Beinkleid sorgen.

Touristeninfos – Azienda Provinziale di Turismo (APT) /Pro Loco
Montag bis Donnerstag von 8.30 bis 13 Uhr und von 17 bis 19.30 Uhr, am Freitag von 8.30 bis 14 Uhr. In Touristengebieten teilweise auch Samstag und Sonntag vormittags.

Allgemein
Aperto e Chiuso, geöffnet und geschlossen. *Aperto* ist in der Regel von 8.30 bis 13 Uhr und 16.30 bis 20 Uhr. *Chiuso* ist während der ausgedehnten Mittagsruhe, der *Siesta*, die mehr als nur eine lange Pause, eher ein Stück südländische Kultur, ein Lebensgefühl ist. Ausnahmen bilden große Supermärkte, die mittags manchmal durchgängig geöffnet haben.

Internet
In vielen Urlaubsorten und in größeren Städten kann in Internetcafés relativ günstig im World Wide Web gesurft werden. Informationen und Links zum Thema Sizilien finden Sie auf der Seite: www.sizilien-rad.de

Feiertage
I festivi: Neujahr – *Capodanno*; 6. Januar, Heilige Drei Könige – *Epifania*; Ostermontag – *Pasquetta*; 25. April, Befreiung vom Faschismus – *Anniversario della Liberazione*; 1. Mai – *Primo Maggio*; 15. August – *Ferragosto*; 1. November, Allerheiligen – *Ognissanti*; 8. Dezember, Mariä Empfängnis – *Immaccolata Concezione*; 25. Dezember – *Natale*; 26. Dezember – *Santo Stéfano*.

Straßenkarten
Zur Übersicht für Ausflüge und um sich mit der Geografie Siziliens vertraut zu machen empfiehlt sich eine Straßenkarte im Maßstab 1:200 000. Im Handel erhältlich:
Kümmerly+Frey, Italien Blatt 14, ISBN 3-259-01234-6, die Generalkarte, Italien Blatt 10, ISBN 3-89525-221-2.

Osterprozession in der Madonie

Wissenswertes

Wochenmarkt

Wanderkarten
Vom Parco dell'Etna sowie dem Parco dei Nebrodi sind Karten (1:50 000, mit Höhenlinien, Wegemarkierungen etc.) vom Touring Club Italiano (TCI) erhältlich.
- Parco dell'Etna – Carta Turistica, TCI, ISBN 88-365-0482-5
- Parco dei Nebrodi – Cartoguide Natura, TCI, ISBN 88-365-1929-6

Bezug in Deutschland über Geobuchhandlungen, vor Ort im Buchhandel. Für den Parco delle Madonie gibt es eine Gratiskarte (1:50 000), leider ist die Druckvorlage stark veraltet:
- Parco delle Madonie – Carta dei Sentieri e del Paesaggio, erhältlich über die Infostelle der Parkverwaltung in Cefalù, Via Ruggero

Kaum brauchbar, da meist über 40 Jahre alt, schwer aufzutreiben und zudem teuer sind die Militärkarten des IGM *(Istituto Geografica Militare)* im Maßstab 1:25 000.

Reiseführer
Unser Guide beschränkt sich aus Platzgründen auf die für Mountainbiker relevanten Infos. Es empfiehlt sich daher, zusätzlich einen Reiseführer mitzunehmen. Verlage wie Michael Müller Verlag und Reise-Know-How haben informative Sizilien-Bücher im Programm. Wanderführer werden von DuMont sowie vom Rother-Verlag angeboten.

Telefonieren
Ein öffentliches Telefon finden Sie auf größeren Plätzen, auf Hauptstraßen und in vielen Bars. Die »alten« orange-farbenen funktionieren meist auch mit Münzen, die »neuen« silbermetallischen oft nur mit einer »carta di telefono«, diese sind in *Tabbacchi*-Läden und in den Filialen der *Telecom Italia* erhältlich.

Handy
Vor Reisebeginn sollten Sie sich über die Roaminggebühren der italienischen Netzbetreiber TIM, WIND und OMNITEL informieren. Da auch entgegengenommene Anrufe kräftig kosten, kann für längere Aufenthalte der Kauf einer italienischen Prepaid-Karte vorteilhaft sein. »Ho non rete« – diese Floskel ist in Gebirgsregionen aufgrund einiger Funklöcher glaubwürdig, im übrigen Sizilien ist die Netzabdeckung bemerkenswert gut. *Für Handy und Festnetz gilt:* Vorwahl nach Italien: 0039 – es folgt *immer* die Null der Ortsvorwahl. In Italien ist die Vorwahl fester Bestandteil der Durchwahlnummer und muss auch bei Ortsgespächen mitgewählt werden.

Notrufnummer
113 – italienischer Notruf

Zeit
Italien liegt wie Österreich, Schweiz und Deutschland in der Mitteleuropäischen Zeitzone (MEZ). Die Umstellung von Sommer- auf Winterzeit erfolgt gleichzeitig mit Deutschland.

Wissenswertes

Strom
230 V / 50 Hz – die flachen Eurostecker passen in italienische Steckdosen. Schukostecker (Bügeleisen, Föhn) benötigen einen Adapter. Dieser ist vor Ort überall erhältlich, da auch in Italien viele Elektrogeräte mit Schukostecker ausgeliefert werden.

Verkehrsmittel
Die Ausgangsorte Cefalù und Modica sowie die Ätna-Region sind per Bus oder/und Bahn erreichbar. Busse verkehren in der Regel häufiger. Dabei gilt es Regional- und Überlandbusse zu unterscheiden. Fahrzeiten der so genannten Überlandbusse sind in der Tageszeitung *La Sicilia* abgedruckt oder in den jeweiligen Büros der Busgesellschaften ausgehängt (größte Gesellschaft ist die SAIS). Die Fahrradmitnahme ist generell möglich, bedarf aber der Zustimmung des Busfahrers. Die Staatsbahn transportiert Räder in allen Regionalzügen. Die empfohlenen Unterkünfte in Cefalù und Modica bieten auf Anfrage einen Flughafentransfer an.

Klima
Die *Isola del Sole* zählt laut Statistik zu den sonnenverwöhntesten Regionen Europas. Trotz des mediterranen Klimas liegen Hitze und Kälte nah beisammen. Dies nicht nur in den unzähligen Eisdielen, sondern besonders am Ätna, dessen Gipfelregion je nach Hanglage vier bis sechs Monate im Jahr schneebedeckt ist. Ein typisches Bergklima mit kalten, niederschlagsreichen Wintermonaten und angenehmen Sommertemperaturen bestimmt auch das Wetter im sizilianischen Apennin an der Nordküste. Weniger Regentage haben Ost- und Südküste vorzuweisen. Dem ausgeglichenen Küstenklima steht ein hartes Inlandsklima gegenüber: heiße, trockene Sommer und relativ kühle Winter.

Wind
Wenn sich in den Sommermonaten der Himmel bleigrau färbt, ist die Zeit des *Scirocco* (aus Südost) oder seines Bruders *Libeccio* (aus Südwest) gekommen. Sie fegen von Afrika herü-

Kapernblüte in den Monti Iblei

ber und bringen heiße, feuchte Luft, der *Scirocco* zusätzlich jede Menge Saharasand mit. Ein laues Lüftchen versprechen dagegen Schönwetterwinde wie der *Maestrale* aus Nordwest und der *Tramontana* aus Nordost. Azzurro-blauer Himmel und erfrischende Luft sind ihr Markenzeichen.

Regen
fällt im Sommer viel zu selten, in den Übergangsmonaten nur gelegentlich, dafür wolkenbruchartig. Tagelangen Dauerregen gibt es normalerweise nur von Mitte Dezember bis Mitte Februar. Sollten Sie trotz dieser Prognose in einem regenreichen Tiefdruckgebiet biken, lohnt sich ein Blick auf die Wetterkarte, z. B. in der Tageszeitung *La Sicilia*, und Sie werden sehen: Die »Insel der Sonne« ist selten komplett mit Wolken bedeckt.

Geografie, Geologie, Topografie
»*Un isola non abbastanza isola* – Die Insel, die nicht genug Insel ist« wird von dem nur knapp 3 km breiten Stretto vom italienischen Festland getrennt. Lediglich 160 km sind es von Trapani im Westen bis zur Nordafrikanischen Küste. Mit 25.426 km^2 (Mallorca 3640 km^2) nimmt die größte Insel im Mittelmeer 8,5 % der Fläche Gesamtitaliens ein. An der über 1000 km langen Küste brandet im Norden das Tyrrhenische Meer gegen ein meist felsiges Ufer, im Osten umspült das Ionische Meer romantische Steilküsten mit langen sandigen Abschnitten, an der Südküste und im Westen trifft das Mittelmeer fast durchweg auf Sandstrände. Der lange, bis knapp 2000 m aufsteigende Gebirgszug im Norden mit den Monti Peloritani, Nebrodi und Madonie ist die Fortsetzung des italienischen Apennins. Wie jenseits des Stretto besteht der Gebirgszug aus Gneisen und Glimmerschiefern. Westlich von Cefalù ist die Bergkette stark aufgelockert und wird von einzelnen Kalkmassiven wie dem Monte Pellegrino, der Zingaro-Bergwelt und dem Monte Erice bestimmt. An der Ostküste greift Europas höchster aktiver Feuerberg, der Ätna (3340 m), in die Wolken. Ebenfalls vulkanischen Ursprungs ist die karge Bergwelt der Monti Iblei im Südosten. Zentralsizi-

Fischer in Cefalù

Wissenswertes

Agrigento – Tempio di Concordia

lien wird von einem weiten, bis zu 1000 Meter hohen Hügelland bestimmt, das zur Südküste hin sanft ausläuft. Dem Flachland bleiben ganze 14 %, die überwiegend im äußersten Westen, im äußersten Südosten und in der Ebene *Piana di Catania* zu finden sind.

Die Inseln vor der Insel
Insgesamt werden Sizilien 27 kleinere Inseln zugeordnet. Das vulkanische Archipel der Liparischen Inseln, auch Äolische Inseln genannt, liegt auf einer »Feuerlinie« zwischen Ätna und Vesuv vor der Nordküste Siziliens. Stromboli und Vulcano sind aktive Vulkane. Tagesausflüge sind von Milazzo aus möglich – die Bikemitnahme lohnt nur für die Hauptinsel Lipari. Ústica liegt 80 km vor der Bucht Palermos.
Die gesamte Insel ist ein Naturschutzgebiet und gilt als Unterwasserparadies. Auf den Egadischen Inseln vor den Toren Trapanis ist das Fahrrad selbst bei Einheimischen das Verkehrsmittel schlechthin. Die *Isola Favignana* ist für Tuffsteinabbau, vor allem aber wegen der *Mattanza*, dem traditionellen Tunfischfang berühmt.

Geschichte und Wirtschaft
Sizilien blickt auf eine sehr wechselvolle Geschichte zurück. In 28 Jahrhunderten haben beinahe zwei Dutzend Fremdherrschaften die Insel geprägt, weshalb die *Isola* zu Recht als Schmelztiegel der Geschichte bezeichnet wird.
Vor mehr als 3000 Jahren kamen die ersten Siedler aus Nordafrika. Im 9. Jh. v. Chr. errichteten Phönizier aus Karthago Handelsniederlassungen und legten den Grundstein für das heutige Palermo. Ab dem 8. Jh. kolonisierten die Griechen Trinakria, wie die Insel wegen ihrer dreieckigen Form genannt wird, gründeten Städte und machten sie zum Mittelpunkt des attischen »Weltreiches«. Die Stadt Siracusa war zeitweise größer und einflussreicher als Athen selbst. Unter den Römern, Wandalen, Byzantinern und Arabern verlor Sizilien seine Vorrangstellung, bis im 11./12. Jh. mit den Normannen- und Stauferkönigen ein neuer wirtschaftlicher und kultureller Aufschwung kam. Frankreich wurde 1282 von den Spaniern abgelöst, in deren 400-jährige Regentzeit die Blüte des sizilianischen Barocks fiel. Savoyer, Österreich-Habsburg und

Wissenswertes

Siracusa – Artemis-Brunnen

die Bourbonen von Neapel herrschten in der Nachfolgezeit, bis Sizilien durch Garibaldi von der Fremdherrschaft befreit und 1860 dem Mutterland Italien angegliedert wurde.

Die ersten Jahrzehnte nach der Vereinigung mit Italien wurden für das Volk zu einem wahren Albtraum. Im politisch und wirtschaftlich ruinierten Sizilien kontrollierte die Mafia das öffentliche Leben, die Lage der arbeitenden Bevölkerung im Inneren der Insel war katastrophal. Desillusioniert wanderten zwischen 1900 und dem Ersten Weltkrieg etwa eine Million Männer aus, die meisten in die USA. Im Zweiten Weltkrieg hatte Sizilien stark unter Luftangriffen zu leiden, besonders im Juli und August 1943, als die Amerikaner bei Augusta,

Zitronenernte

Markttreiben

Gela und Licata landeten und die deutschen Truppen zurückdrängten. Die allgemeine Unzufriedenheit mit den Nachkriegszuständen gab der sizilianischen Unabhängigkeitsbewegung neuen Auftrieb. Ihre Zielsetzung reichte von verwaltungsmäßiger Dezentralisierung bis zur politischen Loslösung von Italien.

Wirtschaft
Das Hauptstandbein der sizilianischen Wirtschaft ist die Landwirtschaft. Exportprodukte sind Zitrusfrüchte, Frühgemüse, Getreide, Oliven und Wein. Die Agrarwirtschaft leidet immer noch unter dem in der Normannenzeit eingeführten Großgrundbesitz. Ein Mittelstand mit selbstständigen Bauern konnte sich nicht entwickeln, stattdessen muss sich ein Großteil der Landbevölkerung als schlecht bezahlte Landarbeiter und Tagelöhner saisonweise beschäftigen lassen. Viele entschieden sich für die Stadtflucht oder eine Auswanderung in norditalienische Industriemetropolen bzw. ins westliche Ausland. In den Städten sind überwiegend Mittel-, Klein- und Kleinstbetriebe anzutreffen, die Möbel, Textilien, Schuhe, aber auch Maschinenteile herstellen oder Dienstleistungen anbieten. Nicht wenige dieser Firmen rekrutieren ihre Mitarbeiter aus der eigenen Familie und bezahlen wenig Steuern – geschweige denn Sozialbeiträge.

In den Küstenregionen hat der Tourismus noch viel Potenzial. Erfreulich ist die wachsende Zahl von Agriturismo-Betrieben, die eine Art Ferien auf dem Bauernhof und regionale, landestypische Küche bieten.

Verwaltung
Sizilien ist die südlichste Region der Republik Italien, die insgesamt in zwanzig Verwaltungsbereiche unterteilt ist. Die neun Provinzen Siziliens sind nach der jeweiligen Hauptstadt benannt:
Agrigento (AG), Catania (CT), Caltanisetta (CN), Enna (EN), Messina (ME), Palermo (PA), Ragusa (RG), Siracusa (SR) und Trápani (TR).

Blumenkohl – Cartiofi

Wissenswertes

Mezzogiorno (Land des Mittags) ist der italienische Begriff für den wirtschaftlich »unterentwickelten« Südteil der Republik. Dazu zählen die Regionen Kampanien, Molise, Apulien, Basilikata, Kalabrien, Sardinien und Sizilien. Anders als in den nördlichen Provinzen konnte die Industrialisierung im Süden nicht mit dem »Wirtschaftswunder« der mittel- und westeuropäischen Länder mithalten. Trotz großer Bemühungen aller Regierungen seit 1948 und der 1950 eingeführten *Cassa di Mezzogiorno* (Südkasse) hat sich die Schere in den letzten Jahrzehnten eher weiter geöffnet. Zinsverbilligte Kredite und öffentliche Mittel wurden für ständig wechselnde Projekte verwendet und blieben somit meist wirkungslos. Erst war es die Landwirtschaft, dann die Infrastruktur, und schließlich sollten große Industrieprojekte helfen, die Arbeitslosenquote von etwa 25 Prozent zu senken.

Die so genannten »Kathedralen in der Wüste«, wie die Raffinerieanlagen im Südosten Siziliens genannt werden, konnten kaum zu einer besseren Beschäftigungslage beitragen. Die modernen Anlagen sind weitestgehend automatisiert und werden von Spezialisten aus dem Ausland überwacht. An der schlechten Umsetzung staatlicher Förderprojekte sind u. a. die Mafia und die Bestechlichkeit einiger hoher Staatsbeamter und Politiker nicht ganz schuldlos. Da sich vieles eher verschlechtert hat, wurde die Südkasse 1985 aufgelöst – viele halbfertige Neubauten sind Zeitzeugen. Statt Spekulantentum sollen die Marktkräfte im Süden jetzt die Eigeninitiative stärken. Tatsächlich kann der Standort Süditalien seit einigen Jahren mit niedrigen Lohnkosten, hoher Produktqualität und einer guten Infrastruktur (vor allem der Seeweg) erste Erfolge verbuchen. Besonders attraktiv, nicht zuletzt wegen ihrer zahlreichen Uniabsolventen, ist Siziliens Wirtschaftshauptstadt Catania. Zum Beispiel hat der Halbleiterhersteller Microelectronics hier ein neues Werk errichtet, der Mobilfunkprovider Omnitel ein großes Call-Center eröffnet, und auch die Firma Nokia investiert kräftig.

Khaki-Früchte

Wissenswertes

Bike-Vokabeln

Bremse	freno
Bremsgriff	lava freni
Bremsgummi	gomma del freno
Bremszug	cavo del freno, guaina
Fahrrad	bicicletta (kurz: bici)
Fahrradzubehör	accessori
Felge	cerchio
Gabel	forcella
Helm	casco
Kette	catena
Kettenblatt	ruota dentata
Laufrad	ruota
Lenker	manubrio
Luftpumpe	pompa d'aria
Mantel	copertone
Nabe	mozzo
Pedal	pedale
Radsport	ciclismo
Rahmen	telaio
Reifen	pneumatico
Reparatur	riparazione
Sattel	sella
Sattelrohr	tubo verticale
Sattelstütze	reggisella
Schaltwerk	cambio delle marcie
Schaltzug	cavo per il cambio
Schlauch	camera d'aria
Schloss	luchetto
Schraubenschlüssel	chiave inglese
Speiche	raggio

Zum Abschluss noch drei besondere Rad-Schläge für Sizilien-Reisende:

- Sizilien liegt südlich der Cappuccino-Grenze! Kaffee mit aufgeschäumter Milch gibt es in fast allen Bars, aber oft nicht in Trattorien oder Pizzerien, und egal wo: niemals am Abend! Zur Verdauung wird üblicherweise starker Caffè (Espresso) getrunken, oft in kleinen Plastikbechern serviert.

- Pizza – das Anschüren des Pizza-Holzofens ist eine langwierige Prozedur, Pizza wird deshalb meist nur abends ab 20 Uhr serviert. Beim Eintreten ins Lokal wird oft die Frage nach *Pizzeria* oder *Ristorante* gestellt. Je nach Antwort wird die entsprechende Karte gereicht.

- Nicht entgehen lassen sollten Sie sich Arancini, frittierte Reisbällchen mit diversen Füllungen, erhältlich in vielen Bars mit der Aufschrift »Tavola Calda« (wörtlich: warmer Tisch). Egal ob Pasta oder Pizza – wenn *Norma* angefügt ist, bedeutet dies »mit Auberginen-Tomaten-Sauce« und erinnert Biss für Biss an die Oper Norma (1831) von Catanias berühmtem Opernkomponisten Vincenzo Bellini. Eiskugeln werden in vielen Eisdielen in einem *Brioche*, einem aufgeschnittenen Hefebrötchen verkauft. Bleibt noch die erfrischende *Granità* zu erwähnen, eine Art geeister Sirup, die häufig mit Limone- oder Kaffeegeschmack angeboten wird.

Sizilianischer Karren

Unterwegs

> *Die beste Bildung findet ein gescheiter Mensch auf Reisen.*
> *(Goethe)*

Die Touren in diesem Guide verteilen sich auf Bikegebiete, die alle im küstennahen Bereich liegen. Dabei werden einerseits die beliebtesten Urlaubsorte Siziliens einbezogen, andererseits die großen Naturparks der Insel unter den Reifen genommen. Ein Großteil der Routen kann direkt von den aufgeführten Standorten gestartet werden, wobei das Tourenpotenzial jeweils von kürzeren »Spazierfahrten« bis hin zu anstrengenden Tagestouren reicht. Oftmals können zwei oder mehrere Routen kombiniert, mit Varianten und Abstechern erweitert oder ggf. abgekürzt werden. Dank der guten Infrastruktur Siziliens kann ein Ausflug zu einem anderen Bikegebiet per Bahn, Bus oder Mietwagen problemlos selbst organisiert werden.

Der Weg ist das Ziel, aber ohne Ziel kommt man nie an. Frei nach diesem Grundsatz führen die beschriebenen Touren zu urigen Dörfern, Berghütten, markanten Aussichtspunkten, stillen Gebirgsseen, herrlichen Sandstränden, sehenswerten Bauwerken, dunklen Lavahöhlen, durch wilde Schluchten, barocke Prachtstädte, stillgelegte Eisenbahntunnel, einzigartige Landschaften ...

Bikegebiete

Die Regionen und ihre Standorte sind vor dem jeweiligen Tourenteil ausführlich beschrieben. Obwohl bei allen Gebieten auf unterschiedliche Schwierigkeitsgrade und Tourenlängen geachtet wurde, gibt die Inseltopographie eine gewisse Klassifizierung vor.

Monti Iblei (Tour 1 bis 6):
Biken zwischen Kultur und Natur
sanfte Höhenprofile, barocke Prachtstädte, weite Weidelandschaften, blühende Felder, kilometerlange Trockenmauern, wilde Canyons und lange Sandstrände
▸ für genussorientierte, kulturbegeisterte Biker

Parco delle Madonie (Tour 7 bis 10):
Mountainbiken und Strandvergnügen
lange Anstiege, urige Bergdörfer, anspruchsvolle Downhills, aussichtsreiche Trails vom mittelalterlichen Startort Cefalù
▸ für fortgeschrittene Biker mit guter Kondition

Parco dell'Etna (Tour 11 bis 13):
Der Olymp unter den Bikegebieten
unterschiedlichste Vegetationsstufen, aussichtsreiche Pisten, gemütliche Berghütten, faszinierende Lavaformationen
▸ für gut konditionierte Gipfelstürmer, die hoch hinaus wollen

Transsizilien (Tour 14 bis 19):
Vom Sandstrand zur Lavawüste
eine Querung der drei genannten Gebiete inklusive einer Tagesetappe durch das eindrucksvolle Inland Siziliens.
▸ für sportlich ambitionierte Biker

Andere Tourengebiete (Anregungen):
Die einsame, bis zu 1000 Meter hoch gelegene Hügellandschaft im Inland bietet ein fast unerschöpfliches Betätigungsfeld für Offroadbiker. Die Anfahrtswege von der Küste sind allerdings zeitraubend. Weniger höhenbetont, aber durchaus anspre-

chend, sind Touren im Westen der Insel. Nennenswert ist hier die Region um den Parco dello Zingaro, der Monte Erice bei Trapani und die Insel Favignana. Bike-Pionieren, die auf einsame Zelt-Übernachtungen abfahren, empfehlen wir die in Straßenkarten verzeichnete alte Militärstraße von Messina nach Novara di Sicilia. Fast durchweg auf über 1000 Metern Höhe folgt die Piste dem Hauptkamm der Monti Peloritani.

Ausrüstung
Scharfkantige Steine und verblockte Schotterpisten machen vielerorts grobe Stollen und eine Federgabel notwendig. Für die alten Eisenbahntunnel (Tour 2 und 5) ist das Mitführen einer kleinen Taschenlampe sehr hilfreich. Wasser kann zwar mit Ausnahme vom Ätna auf vielen Touren unterwegs an Quellen aufgefüllt werden, verlassen sollten Sie sich darauf aber nicht. Deshalb ausreichend Flüssigkeit mitnehmen.

Alte Bahntrasse

– Ersatzschlauch, Flickzeug, Reifenheber
– Miniluftpumpe
– Multitool mit Kettennieter und 2 x Ersatznieten
– 2 Ersatzspeichen (für beide Speichenlängen), Speichenschlüssel
– 1 x Schaltzug, 1 x Bremszug (falls nicht hydraulisch)
– 1 Satz Bremsgummis
– kleines Erste-Hilfe-Set
– 2 x Trinkflaschen oder mind. 1,5 l pro Person
– Müsli-/Energieriegel
– Langarm Windstopper, Ersatztrikot, Handtuch
– Sonnencreme
– Sonnen-/Fahrradbrille
– Fahrradhandschuhe (für den Ätna auch Fingerhandschuhe)
– Fahrradhelm

Bikeverleih
Firma »Rent a Bike«, Diamond Back MTBs mit Federgabel, in drei Größen. Auf Wunsch Anlieferung zum Hotel oder Flughafen, www.rentbike.it (Anfrage englisch oder italienisch).
Bikestation Kalura, Porsche MTBs mit Federgabel und Fullies in drei Rahmengrößen, www.hotel-kalura.com, Tel.: 0039-0921421354 (Anfrage auf deutsch/siehe Bikegebiet Parco delle Madonie).
Albergo Siciliando, Diamond Back MTBs mit Federgabel in zwei Größen, Tel./Fax: 0039-0932942843; www.siciliando.it (Anfrage englisch oder italienisch/siehe Bikegebiet Monti Iblei).

Bikeshop – Reparaturwerkstatt
In vielen Ortschaften, spätestens aber in der nächstgelegen Provinzhauptstadt, befindet sich ein »Negozio di Ciclismo«, ein Fahrradfachgeschäft. Meist sind die Besitzer dem Radsport eng verbunden, haben ein fundiertes Fachwissen und hochwer-

tige Ersatzteile. In kleineren Dörfern führt oftmals ein Haushaltswarengeschäft, ein Reifenhändler oder eine Motorino-Werkstatt gängige Ersatzteile.

Streckenhinweis
Zum Schutz des Waldes sind Forstwege fast immer mit massiven Toren abgeschrankt. Die grünen *cancello forestale* können oftmals seitlich umgangen werden, manchmal jedoch hilft nur übersteigen. Viele Streckenabschnitte führen über privates Weideland. Bitte schließen Sie wieder alle Weidegatter.
Auf Wegen und Straßen im Parco delle Madonie ist mit freilaufenden Tieren (Kühe, Schafe, Pferde) zu rechnen. Hunde (im Bereich von Gehöften) sind in der Regel angekettet.

Infrastruktur
Gerüchten zufolge soll die Mafia zahlreiche Opfer lebendig in Brückenpfeilern begraben haben.
Tatsächlich ist das mit unzähligen Brückenbauwerken versehene, bemerkenswert aufwändig gestaltete Straßennetz in gutem Zustand. Seit Jahrzehnten geplant, teils bereits im Bau, aktuell immer noch nicht fertig gestellt: das Autobahnteilstück Messina–Palermo sowie die Strecke Catania–Siracusa.
Eisenbahn-Hauptstrecken, die von IC-Zügen vom Festland (Rom/Mailand) befahren werden, verlaufen entlang der Nordküste (Messina–Palermo) und entlang der Ostküste (Messina–Siracusa). Nebenstrecken der *Ferrovie dello Stato* erschließen den Südosten, die Südküste, das Inland und den Westen Siziliens. Die Eisenbahn-Nebenstrecken sind durchweg eingleisig, Verspätungen somit vorprogrammiert.
Asphaltstraßen sind in Italien in drei Kategorien unterteilt, die auch in die Tourenbeschreibungen übernommen wurden:
SS = strada statale (Staatsstraße)
SP = strada provinciale (Provinzstraße)
SC = strada comunale (Gemeindestraße)
Mit dieser Klassifizierung wird weder das Verkehrsaufkommen, noch Zu-

Monti Iblei

stand und Breite der Straße, sondern der jeweilige Bauträger der Straße genannt. Grundsätzlich sind die Küstenstraßen je nach Tageszeit stark frequentiert, während in den Gebirgsregionen, selbst auf Staatsstraßen, oftmals nur wenig Fahrzeuge unterwegs sind.

Handhabung des Buches
- Die Touren (Giros) sind nach Bikegebieten unterteilt und durchnummeriert.
- Mit Ausnahme der Transsizilien-Tour führen alle Routen zum Startpunkt zurück.
- Die angegebenen Fahrzeiten beinhalten kurze Stopps und orientieren sich eher an einer gemäßigten Fahrweise.
- Die Einschätzung des Schwierigkeitsgrades einer Giro wurde anhand von Länge, Höhenmeter, Wegbeschaffenheit und Steigungsgraden beurteilt. »Anführungszeichen« in den Roadbooks weisen auf Beschilderungen hin.
- Die Höhenprofile geben Aufschluss über die Verteilung der Höhenmeter einer Tour. Kurze Gegenanstiege bzw. Abfahrten (bis zu 50 Höhenmeter) sind nicht verzeichnet, bei der angegebenen Gesamthöhe aber eingerechnet.
- Das tabellarische Roadbook ist ausreichend, um eine Tour nachzufahren. Es empfiehlt sich, dieses mit einem Kartenhalter am Lenkrad zu befestigen. Die Wegpunkte sind auf 100 Meter genau vermessen. Vergessen Sie nicht, beim Tourenstart den Kilometerzähler zu nullen!
- Die Touren sind so detailliert beschrieben, dass sie meist auch ohne Karte gefahren werden können. Um für Abstecher, Abkürzungen im Pannenfall, Wandertouren etc. gerüstet zu sein, empfehlen wir trotzdem immer die jeweilige Detailkarte mitzunehmen.
- Ein Höhenmesser bringt zusätzliche Orientierungshilfe.
- Wegeinmündungen, bei denen die Route geradeaus weiterführt, sind in der Regel nicht aufgeführt.
- Die Tourenbeschreibungen sollen Ihnen Aufschluss über den Charakter einer Tour geben, Wissenswertes am Wegesrand erläutern und besonders interessante Passagen erklären.
- Die Karten-Skizzen geben einen Überblick über den Verlauf einer Giro, eine topographische Karte können Sie nicht ersetzen.
- Falls Sie mit einem Leihbike fahren möchten, sollten Sie unbedingt einen zuverlässigen Fahrradcomputer von zu Hause mitbringen. Drahtlose Geräte sind hierbei eine feine Sache.
- Beim Unterqueren einer Hochspannungsleitung ist allerdings mit Funktionsstörungen zu rechnen!

Im Höhenprofil mit Kilometerangabe	Im Roadbook	Definition
Asph. 8,3 km	A = Asphalt	Straßen oder Wege mit Asphaltbelag (in Ortschaften auch Kopfsteinpflasterbelag).
Piste 24,7 km	P = Piste	Breite Schotterpisten, Forst- und Feldwege, die auch von Nutzfahrzeugen befahren werden.
Trail/Pfad 10,6 km	T = Trail	Schmale Fußwege und Maultierpfade (weniger als einen Meter breit).

Bikegebiet Monti Iblei

Eine besonders gelungene Verbindung gehen Natur und Kultur im Südosten Siziliens, in den so genannten *Monti Iblei* ein. Von Trockenmauern flankierte Weideflächen, bezaubernde Barockstädte, lange Sandstrände, wilde Canyons, zudem maßvolle Höhenprofile – ein ausgezeichnetes Bikegebiet für Genießer.

Nach Süden fällt die Kalkplatte der Iblei sanft zum Meer hin ab, nach Norden und Osten überragt sie majestätisch die Küstenebene, und im Landesinneren geht sie sanft ins endlose Hügelland der Monti Erei über. Die ursprüngliche Vulkanlandschaft ist im Laufe der Jahrtausende zu langverzogenen Tafelbergen abgetragen worden. Nur die höchste Erhebung, der bewaldete Monte Lauro (986 m), lässt seinen Ursprung als Unterwasservulkan noch erahnen. Die ansonsten weite, größtenteils recht steinige Gegend wird überwiegend als Weideland genutzt. Hier und da grasen Schafe und rotbraune Kühe der heimischen Rasse *Modicana*. Kilometerlange Trockenmauern *(muri secchi)*, grüne Johannisbrotbäume *(carrubo)* und Bauernhöfe *(masseri)* fügen sich malerisch ins Landschaftsbild.

Die karge Hochebene ist jedoch nur ein Gesicht der Hybläischen Berge. Auf der anderen Seite haben Wasserläufe spektakuläre, canyonartige Schluchten in den weichen Kalkstein geschliffen und eine üppige Vegetation entstehen lassen. Die Schluchten waren letzte Zufluchtstätten der vor den kolonisierenden Griechen flüchtenden Urvölker. Zehntausende von Grabhöhlen *(Nekropole)*, die wie Bienenwaben die steilen Felswände perforieren, sind Zeitzeugen dieser Epoche. Heute sind die Canyons ein Rückzugsgebiet für Offroadfreaks, die abseits vom Autoverkehr auf stillgelegten Eisenbahnstrecken biken und/oder sich in den Auswaschbecken der Bäche erfrischen möchten.

Im Gegensatz zu vielen anderen sizilianischen Gebieten ist der Grundbesitz im Südosten Siziliens traditionell auf kleinere und mittlere Landwirtschaftsbetriebe verteilt, die meist in Familienbesitz sind. Eine breite, relativ wohlhabende Mittelschicht und eine weitgehend mafiafreie Zone sind deshalb noch heute die Vorzüge von Siracusa und Ragusa – die deutlich spürbar zu den »reichen« Provinzen der Insel gehören. Ausdruck des »Wohlstands« sind die vielen asphaltierten Wirtschaftswege, was zwar die Offroadquote der Touren etwas nach unten drückt, aber keinesfalls den Bikespaß beeinträchtigt.

Kulturell wird der Südosten Siziliens von der prachtvollen Architektur seiner Städte geprägt, die nach dem verheerenden Erdbeben von 1693 komplett im Stil des Barock wiederaufgebaut wurden. Seitdem glotzen Dämonenfratzen von Balkonbalustraden, verzieren verspielte Säulen und fröhliche Voluten honiggelbe Sandsteinpaläste. Lange Freitreppen führen zu herrlichen Kirchenpalästen, in deren verspielten Fassaden zugleich der Glockenturm integriert ist. Da das Meer so regelmäßig wie die Gezeiten neue Besatzungsmächte mit sich brachte, sind die Städte inseluntypisch im sicheren Abstand zur Küste entstanden. Touristische Bettenburgen sind dort auch heute ebenso wenig anzutreffen wie die ehemalige Fischerdorfidylle. Meist sind die Marina-Orte verschlafene Ferienhaussiedlungen mit einigen

Monti Iblei – *Biken zwischen Kultur und Natur*

Hotelanlagen, die nur im Hochsommer aus ihrem Dornröschenschlaf erwachen.

Als Ausgangsorte für die Biketouren schlagen wir deshalb die Barockstädte im Inland, speziell die Stadt Modica vor. Ein Abrollen zur nahen Küste ist nach Vollendung der Touren wie das Salz in der Suppe. Falls Sie lieber einen der Küstenorte als Basecamp wählen und zusätzliche Höhenmeter scheuen, bringt Sie die Eisenbahn auf der Nebenstrecke Siracusa–Gela mehrmals täglich samt Bike zu den Startorten in Modica, Ragusa oder Noto zurück.

Ausgangsort Modica: 50 000 Bürger zählt die Città dell'Arte, ein Kind des üppigen Barocks, welches sich malerisch vom Tal die Steilhänge hinaufrekelt. Die quirlige und freundliche Città besteht aus der Oberstadt *(Alta)* und einer unteren Stadt *(Bassa)*. Die Stadtteile sind durch ein scheinbar undurchdringliches Gassenlabyrinth verbunden. Orientieren können Sie sich am Wahrzeichen Modicas, der honiggelben Kirche San Giorgio (1702) des Baumeisters Rosario Gagliardi. Eine gigantische Freitreppe führt mit 300 Stufen vom Corso Umberto zur Kirche hinauf. Geschäftiger geht es auf genanntem Corso, dem »Salon« der Modicani zu. Boutiquen, Alimentari, Gemüsehändler, aber auch Galerien und Museen wetteifern um Interessenten. Natürlich trumpft auch der Corso mit einem barocken Prunkbau auf: dem Duomo San Pietro, über eine imposante Freitreppe mit zwölf Aposteln zugänglich. Und wenn Sie jetzt nicht mehr wissen, wo rechts und links ist, dann schlendern Sie zum Castello hoch und verschaffen sich einen Überblick. Die Burg und ihr berühmter Uhrenturm erstrahlen nachts in romantischem Scheinwerferlicht. Noch imposanter, jedoch mühevoller zu erreichen, ist die Aussicht vom Belvedere Pizzo, nahe der Kirche San Giovanni (Modica Alta). Lassen Sie sich durch die zahlreichen engen Gässchen treiben – Sie werden noch etliche »Malerwinkel« entdecken.

Bikestation / Albergo Siciliando
Wenig Luxus, allerdings viel Flair und eine Menge sizilianische Gastfreundschaft im Herzen der Barockstadt Modica finden Sie in diesem liebevoll restaurierten »Casa per Ferie«. Neben hauseigenen Mountainbikes steht den Gästen eine Garage für das eigene Velo zur Verfügung. Piero und Rosellina kennen die Ibleis wie ihre Westentasche und geben gerne Tipps und Informationen.

Adresse/Anfahrt: »I Tetti di Siciliando«, Via Cannata 24, Tel./Fax: 0039-0932-942843;
▸ web: www.siciliando.it
Auf dem Corso Umberto Ri. Ragusa, nach 230 m – direkt nach Chiesa San Pietro – rechts in den Corso Garibaldi Ri. »Duomo San Giorgio«, nach 470 m links in die Via Canata – einige Stufen hinuntergehen.

Bikeshop: Francesco Massari, Corso Vittorio Veneto, 482, Ragusa Superiore, Tel.: 0932-255270, links vom Piazza San Giovanni (Ri. Dom gesehen) steil hinauf, sehr ansprechendes Fachgeschäft.

San Pietro in Modica

Tour 1: Cava Grande

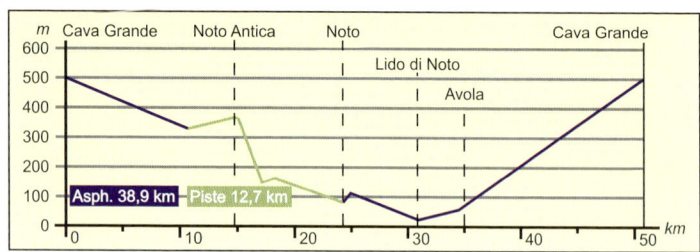

Tour-Infos:

Länge: 51,6 Kilometer
Höhendifferenz: 700 m
Zeit: 4,5 Stunden
Ausgangsort: Belvedere di Cassibile – Parkplatz am Rand der Cava Grande. Von der Küstenstraße SS115 (Siracusa – Gela) am Ortsanfang des Städtchens Avola rechts auf die SP4 abbiegen. Der Beschilderung »Laghetti di Cava Grande« folgen.
Alternative Ausgangsorte: Noto oder Avola (Bahnhöfe)
Schwierigkeit: mittel
Die genussreiche Kombination aus Natur, Kultur und Badevergnügen ist nur wegen der finalen 500 Asphalt-Höhenmeter als »Mittel« einzustufen.
Bikeshop: Noto (WP 11), Viralglia, Via S. La Rosa 62, Tel. 0931-839682
Baden: Laghetti di Cava Grande. Vom Startpunkt 3/4 Std. (250 Hm) zu Fuß in den Canyon absteigen, Strände in Lido di Noto und im Naturpark Vendicari
Besichtigung: Natur: Cava Grande, Vendicari; Kultur: Noto (Weltkulturerbe), Avola, Eloro
Einkehr/Rast: Am Startpunkt Trattoria Cava Grande, Bar/Trattoria »Le Mimose« (km 11,6), in Noto (km 24), in Avola (km 33).

Besonderheiten

Wegen der sicheren Parkmöglichkeit und der abschließenden Wanderung zu den Badeseen in Siziliens Grand Canyon haben wir den Startpunkt auf den höchsten Punkt der Tour, den Belvedere di Cassibile gelegt. Ebenso gut können Sie die Giro von den Ortschaften Noto, Lido di Noto oder Avola starten – packen Sie aber auf jeden Fall Badesachen, viel Filmmaterial und genügend Zeit ein!

Tourenbeschreibung

Über das schmale Provinzsträßchen Nr. 4 geht's parallel zur Schlucht in sanfter Abfahrt zur SS287 hinunter. Die kaum befahrenen Straßen werden von Trockenmauern und der typischen Iblei-Weidelandschaft flankiert. Bei km 9,2 biegen Sie in die mit Motivtafeln des Kreuzigungswegs gesäumte Zufahrt zum Kloster Madonna della Scala ab. Falls die kleine Klosterkirche geöffnet ist, lohnt ein Blick ins Innere. Eine mehr schlecht als recht asphaltierte Straße zieht hinauf nach Noto Antica. Das 400 m über

Monti Iblei

Tour 1: Cava Grande

dem Meer gelegene herzförmige Plateau des Monte Alveria ist seit dem 9. Jh. v. Chr. besiedelt. Es wuchs unter Griechen und Römern zu einer großen Festung, die von den Arabern zur Hauptstadt ihrer Provinz Valle di Noto benannt wurde, und umfasste ein Drittel der Insel. Das Erdbeben von 1693 machte die Stadt dem Erdboden gleich und schuf einen idyllischen Steingarten, den Mountainbiker über Schotterpisten gratis erkunden dürfen. Die Stadt Noto wurde wesentlich tiefer, an den Hängen des Meti, in 10 km Entfernung neu errichtet. Ein atemberaubender, serpentinenreicher Downhill führt zu diesem Mekka des sizilianischen Barocks. Ein besonders beliebtes Fotomotiv sind dort die mit phantasievollen Fratzen verzierten Balkon-Balustraden der barocken Palazzi. Nach der Porta Reale rollt das Rad beinahe von selbst durch einen kleinen Park und durch das rechtwinklige Straßensystem bis hinunter zum Badeort Lido di Noto. Dort ist auch ein Abstecher zu den Ausgrabungen von Eremo sowie dem ruhigen Sandstrand Eloro oder in den Naturpark Vendicari möglich. Durch Zitrusplantagen geht's anschließend entlang der Küste ins Städtchen Avola hinüber. Nach dem Touri-Rummel von Noto genießt man die wohltuende sizilianische Gelassenheit auf der großen, schattigen Piazza des Städtchens. An einem der Brunnen sollten Sie Ihre Trinkflasche gut auffüllen,

27

Tour 1: Cava Grande

Cava Grande 51,6 km 700 hm 4,5 Stunden

WP	km	Hm	Sy	Ort	Richtung/Beschreibung	W
0	0	500		Parkplatz »Cava Grande«	Abwärts zur Hauptstraße	A
1	0,5	480		T-Kreuzung	Rechts auf SP4, »Palazzolo Acreide«	A
2	7,0	385		T-Kreuzung	Links auf SS287, »Noto«, durch Villa Vela	A
3	9,2	370		Abzweig SP64	Rechts dem Kreuzweg folgen	A
4	10,5	320		Klosterkirche	Linkskurve auf Schotter (Asphaltreste)	A
5	12,4	355		»Noto Antica«	Links durch Torbogen	P
6	14,6	360		Gedenktafel	Links, **Abstecher 1:** gerade zur ehemaligen Klosterkirche (1 km)	P
7	14,9	340		Verzweigung	Rechts	P
8	17,2	150		Bachquerung	Links, steil bergauf	A
9	23,2	95		Noto	Gerade, »Centro Storico«	A
10	23,7	80		Noto	Gerade in »Via Roma«	A
11	24,1	90		Noto	Links in »Via Salvatore la Rosa«	A
12	24,4	110		Piazza XVI. Maggio	Rechts auf »Corso Vittorio Emanuelle« (gegen Einbahnstraße schieben)	A
13	25,0	100		Porta Reale Porta Nazionale	Nach dem Tor rechts auf Gehweg, nach 100 m rechts durch Park, gerade die »Via Piemonte« hinunter	A
14	25,6	80		Kreuzung	Links, »Tutti le direzione«, dann am Kreisverkehr rechts Ri. »Siracusa« hinunter	A
15	26,4	60		Abzweig von Hauptstraße	Hauptstraße verlassen, halbrechts hinunter über einen Bahnübergang	A
16	26,6	45		SP19 / Tankstelle	Rechts durch Unterführung auf SP19 Ri. »Pacchino«	A
17	27,1	55		SP19 / SP34	Links auf SP34, »Lido di Noto«, nach 100 m rechts aufwärts; »Eloro« **Abstecher:** gerade auf SP19 zum Riserva Vendicari (ca. 7 km)	A

Tour 1: Cava Grande

18	31,0	25	Y-Gabelung	Links, »Lido di Noto«, **Abstecher:** Rechts der Beschilderung nach Eloro folgen (ca. 3 km)	A
19	31,7	15	Lido di Noto, Oberhalb Hotel Eloro	Links, kurz steil bergauf dann parallel zur Küste auf SP95	A
20	38,0	20	Ortsbeginn Avola	Geradeaus auf »Via Abba« dann »Via Nizza« den Piazza Abruzi überqueren	A
21	38,9	30	Kirche	Links aufwärts »Via Marina«	A
22	39,1	40	»Piazza Umberto«	Rechts, nach 100 m links in »Via Roma«, nach 500 m an T-Kreuzung links in »Via Assisi«	A
23	40,0	50	Piazza Regina Elena	Vor der Kirche (San Antonio Abate) rechts in »Via Pelico – Via Ugo Foscolo«	A
24	41,0	65	Bahnschranke	Geradeaus, SS115 überqueren, auf SP4 »Cava Grande«	A
25	51,0	480	Abzweig	Rechts, »Cava Grande Laghetti«	A
26	51,6	500	Startpunkt	Abstieg zu Fuß in den Canyon ca. 3/4 Std.	A

denn der abschließende schattenlose Uphill ist ein schweißtreibendes Finale. Wieder am Rand der Schlucht angelangt nimmt man den Fußweg zu den 250 Meter tiefer gelegenen Süßwasser-Badeseen gerne in Kauf.

Cava Grande Cassibile
Neben dem Abstieg zu den 250 m tiefer gelegenen Flussbecken kann die Cava Grande auch in einer etwa 4-stündigen Rundwanderung erkundet werden. Dabei können einige der mehreren tausend Felsengräber und Höhlenwohnungen besichtigt werden, die Urvölker in der Zeit von 1000 –850 v. Chr. in die Felswände der 10 km langen Schlucht gehauen haben. Ein abschließender Sprung in eines der prickelnden »laghetti« setzt den krönenden Abschluss. Hinweis: In der Schlucht gibt es kein Trinkwasser.

Eloro – himmlisch ruhiger Sandstrand am Rande des 10 km langen Naturschutzgebiets von Vendicari. Die weichen Bälle am Strand bestehen aus Fasern einer Wasserpflanze, die von der Brandung abgerissen und durch Wind zu Kugeln geformt werden. Sie werden als Neptunsbälle bezeichnet.
Eremo – spärliche, antike Ausgrabungen einer Stadt, die Ende des 8. Jh. v. Chr. von Syrakus als südlicher Vorposten gegründet wurde und durch die Via Elorina mit Syrakus verbunden war. Grundrisse von Wohnquartieren, ein griechisches Theater und Reste eines Demeter- und Koreheiligtums wurden auf dem Hügel freigelegt.

Tour 2: Ex Ferrovia Pantalica

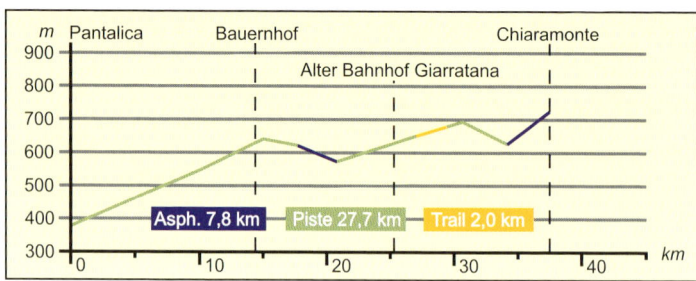

Tour-Infos:

Länge: 75 Kilometer
Höhendifferenz: 540 m
Zeit: 5 Stunden
Ausgangsort: Westlicher Eingang zur Pantalica-Schlucht – großer Parkplatz zwischen den Orten Cassaro und Ferla im Flusstal des Fiume Anapo
Schwierigkeit: leicht
Die auf dem Hinweg sanft, aber konsequent ansteigende Piste ist nur auf den ersten Kilometern holprig, sonst purer Bikegenuss. Die Tunnel können ohne Beleuchtung befahren werden, sicherer ist es mit Licht.
Zurück auf gleicher Strecke oder über Asphalt (s. Karte).
Einkehr/Verpflegung:
Pizzeria Vecchia Stazione in Chiaramonte (km 37,5); in Giarratana (km 20,5 und km 53,5)

Tourenbeschreibung

Die alte Getreidebahn verband einst das Herz der Ibleis mit der Hafenstadt Syracusa, von wo aus die reiche Ernte ihre Reise aufs Mittelmeer antrat. Heute noch erstrecken sich ausgedehnte Getreidefelder auf den Terrassen und Hügeln der Ibleis, doch längst hat sich die Vecchia Ferrovia (alte Eisenbahnstrecke) verabschiedet und Straßen und Sträßchen den Vorrang gegeben. Die Gleise wurden demontiert – ein Paradies für Wanderer und Mountainbiker ist entstanden. Erstgenannte dürfen die komplette Schlucht durchwandern, Biker kommen ab dem Parkplatz zwischen Cassaro und Ferla auf ihre Kosten. Los geht's in Richtung der alten Bahnstation von Cassaro vorbei an dem markanten Wasserturm. Auf grobsteinigem Weg durch ein saftiges Flusstal, nach etwa 2 km auf einer alten Brücke

Alter Wasserturm

Tour 2: Ex Ferrovia Pantalica

die Flussseite wechseln, zwei Betonsperren und Holzzäune reduzieren die Geschwindigkeit kurzzeitig. Nach etwa 7 km entfernt sich die Strecke vom Flusstal, die Vegetation wird karger, schattenspendende Eichen weniger, und bald folgen Olivenhaine, Wiesen und ausgedehnte Getreidefelder. Später zieht die Strecke in weiten Bögen an der Ortschaft Giarratana vorbei, hinauf auf die teils windigen Höhen der Ibleischen Tafelberge: Trockenmauern, Gehöfte, Masserien und leer stehende Steinhäuser zwischen sich im Wind wiegendem Korn. Als Pizzeria wird das Ziel der Tour, die Vecchia Stazione (Alter Bahnhof) der Ortschaft Chiaramonte genutzt. Zurück auf gleicher Strecke oder auf Asphalt (vgl. Karte oben).

Pantalica: Die Schlucht von Pantalica ist eine der größten urgeschichtlichen Fundstätten Siziliens. In den

La Vecchia ferrovia

Tour 2: Ex Ferrovia Pantalica

Ex Ferrovia Pantalica 75 km 540 hm 5,0 Std.

WP	km	Hm	Sy	Ort	Richtung/Beschreibung	W
1	0	380		Pantalica	Ri. Wasserturm parallel zur SP45	P
2	8,3	415		Alter Bahnhof von Palazzolo Acreide	Geradeaus	P
3	10,5	550		Berührungspunkt mit SP	Nach Unterführung rechts	P
4	11,2	555		Kreuzung	Rechts, »Poi«, nach 10 m Links	P
5	13,0	600		Nach Tunnel	Rechts	P
6	14,4	625		Bauernhof	Gerade	P
7	15,5	650		Verzweigung	Rechts, Telefonleitung	P
8	17,6	635		Straße	Gerade auf Asphalt	A
9	20,5	575		Brücke (SP12)	Nach Brücke links, ca. 50 m später rechts auf Schotterpiste. **Abstecher:** auf SP12 nach Giarratana (2 km)	A/P
10	22,3	590		X-Kreuzung	Halblinks, für 1 km Route jetzt nicht auf der Ex-Ferrovia	P
11	23,1	600		Haus/Lagerhalle	Rechts, nach 200 m an Y-Abzweig wieder rechts auf alte Bahnstrecke	P
12	23,4	600		Asphaltstraße	Gerade auf Schotterpiste	P
13	25,3	610		100 m nach Bahnhofsgebäude von Giarratana	Links auf Asphalt, dann jeweils gerade Richtung »Chiaramonte« **Abstecher:** gerade auf (Ex Ferrovia) nach Monterosso	A
14	26,0	630		Abzweig	Rechts auf Schotter (Ex Ferrovia)	P
15	27,4	660		Beginn Pfad	Gerade, der Pfad ist teils mit Dornengestrüpp zugewachsen, nach 200 Metern folgt ein 0,8 km langer Tunnel	T
16	31,1	690		Vor Tunnel	Rechts abwärts auf Feldweg	P
17	31,7	670		Waldrand	Links, durch Gatter, dann links auf Fahrweg, nach 900 m erneut links	P
18	32,7	700		Abzweig	Rechts, nach einem alten Bauernhof nochmal rechts	
19	34,4	740		nach Unterführung	Rechts auf SP62	A

Tour 2: Ex Ferrovia Pantalica

20	37,0	800	⊤	T-Kreuzung	Rechts auf SP10 »Chiaramonte«	A
21	37,5	820	❗	Pizzeria Vecchia Stazione, Chiaramonte	Auf demselben Weg zurück **Abstecher:** gerade nach Chiaramonte hinunter	A
22	75,0	380	•	Pantalica		

Strada Panoramica in Modica (Foto: Roßberg)

tief eingeschnittenen Schluchten der Flüsse Anapo und Calcinara haben Menschen seit Urzeiten Grab- und Wohnhöhlen in das Kalkgestein geschlagen. Eine ca. 12 km lange Wanderstrecke verbindet die ehemaligen Bahnhöfe von Cassaro im Westen (Startpunkt der Giro) mit Sortino im Osten der Schlucht. Leider ist diese beeindruckende Passage für Radler gesperrt, auch der oft erwähnte Pendelbus zwischen den beiden Orten fährt mittlerweile nicht mehr.

Bar dello Sport

Tour 3: Plaia Grande

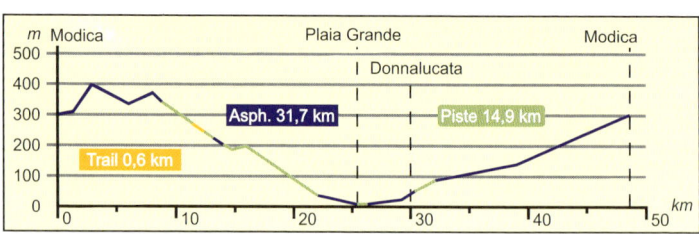

Tour-Infos:

Länge: 47,2 Kilometer
Höhendifferenz: 505 m
Zeit: 3,5 Stunden
Ausgangsort: Modica (Bassa), Piazza Prinzipe di Napoli (auch Piazza Monumento). Parkplätze am Busbahnhof (WP2).

Schwierigkeit: einfach
Einfaches Offroad-Abrollen mit einer kurzen Trailpassage, leichtes Asphalt-Hinauftreten.

Besonderheiten
Masseria mit Ricottaproduktion, herrliche Sandstrände, Barockjuwel Scicli.

Tourenbeschreibung
Diese liebliche Iblei-Strandabfahrt kombiniert minimale sportliche Aktivität mit maximalem Strandvergnügen und optimalem Kulturgenuss. Offroad und Asphalt halten sich die Waage. Die Schlucht des Fiume Irminio mit seinen steil abfallenden Kalkfelsen und stillgelegten Asphaltminen weitet sich zum Meer hin aus und geht in eine flache, von Gewächshäusern überzogene Ebene über. Was verbirgt die rußige Steinkammer der urigen Masseria bei Wegpunkt 12? Wozu dienen die Metalltöpfe, Eimer und Plastiksiebe?
Auf dem Hof wird täglich frischer Ricotta hergestellt, mit dem Dreirad nach Scicli transportiert und auf dem *Mercato* verkauft (Richtlinie für eine Schale Ricotta ca. 2 Euro).
Auf dem Zweirad geht es weiter zur Flussmündung des Irminio. Direkt neben dem weiten Sandstrand Plaia Grande beginnt die Zone des *Riserva Naturale Macchia Forestale del Fiume Irminio* (uff!), eines von über 50 Naturreservaten auf Sizilien. »Räder müssen draußen bleiben« – wer möchte, kann eine von sechs Routen

Agaven-Trail

Tour 3: Plaia Grande

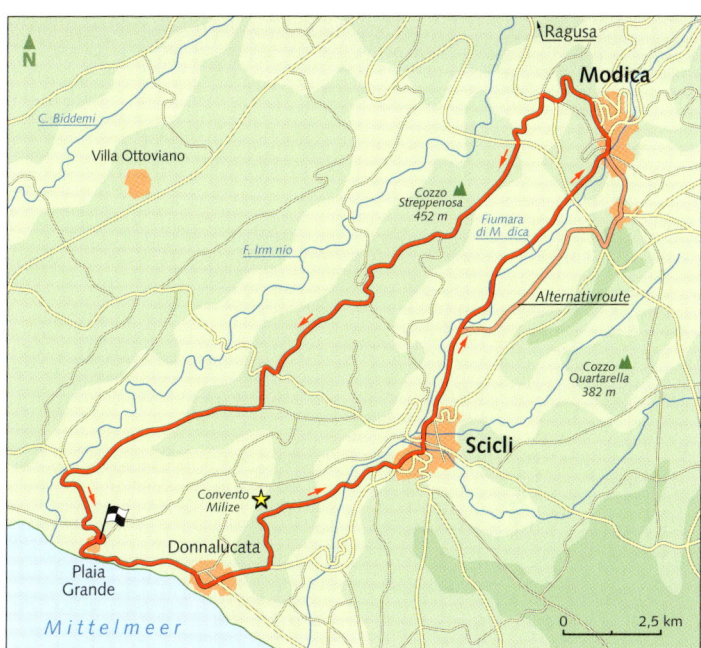

zu Fuß abspazieren. Auf den folgenden 5000 Metern zum Küstenort Donnalucata weht meist eine angenehme Meeresbrise. Erstaunlich, wie vergleichsweise gesichtslos und halbverlassen mancher Marina-Ort sich präsentiert, und wie wenige Kilometer weiter das Auge vom üppigen Barock beinahe erschlagen wird. Scicli (sprich »Schikli«), Ort der 15 Barock-

Plaia Grande

Tour 3: Plaia Grande

Plaia Grande 47,2 km 505 hm 3,5 Std.

WP	km	Hm	Sy	Ort	Richtung/Beschreibung	W
1	0	300		Piazza Prinzipe di Napoli	Gerade auf Corso Umberto (Ri. Nord), »Ragusa«	A
2	1,0	325		Busbahnhof (Parkplatz)	Gerade, »Ragusa«	
3	2,9	390		Kreisverkehr	Gerade, »Ragusa Ibla« (Vecchia SS115)	A
4	3,4	390		Haus	Links, »Scicli«	A
5	6,2	345		Abzweig	Rechts, »Scicli«	A
6	7,0	385		Anhöhe	Links, »Scicli«	A
7	8,6	355		Alte Villa	Rechts abwärts auf Schotterpiste	P
8	11,5	225		Asphaltstraße	Links, nach 100 m rechts auf Trail	P T
9	12,2	225		Steinhäuschen	Links, nach 20 m rechts abwärts auf Asphalt	A
10	13,0	200		Ende Asphalt	Links auf Schotterpiste	P
11	15,2	185		Asphaltstraße	Gerade, dann rechts, parallel zur Asphaltstraße	P
12	16,4	200		Tor	Rechts, bei km 17,6: Ricotta Masseria (siehe Beschreibung)	P
13	21,8	40		Asphaltstraße	Links, kurzer Anstieg	A
14	23,6	25		SP89	Links, dann rechts, jeweils »Donnalucata«	A
15	24,2	15		Nach Esso-Tankstelle	Rechts »Plaia Grande« in Pinienallee durch Siedlung	A
16	25,2	15		Flussbett	Links zum Meer	P
17	25,4	5		Plaia Grande	Links, parallel zum Strand	P
18	26,5	5		SP 89	Links – Rechts, parallel zur Küste	A
19	27,8	5		Donnalucata	Rechts, die 2. links, sofort wieder rechts und parallel zum Meer	A
20	28,6	5		Strand	Links aufwärts in Via Lido, nach 100 m die Provinzstraße überqueren	A
21	28,8	25		Casa Carabinieri	Rechts	A
22	29,9	25		Beginn SP127	Links auf SP127, nach 250 m rechts	A
23	30,3	45		T-Kreuzung	Rechts, dann sofort Links	P

Tour 3: Plaia Grande

24	30,8	65	⊤	Gewächshäuser	Rechts, nach 200 m links aufwärts	P
25	32,1	95	⊤	Convento Milize	Rechts, nach 400 m rechts auf Asphalt	P A
26	36,8	100	⊤	Vor Brücke	Rechts, über Brücke nach Scicli (bald kurz gegen Einbahnstraße schieben), vorbei an Kirche S. Teresa	A
27	37,4	105	⊤	Piazza (vier Palmen)	Links aufwärts auf Via Nazionale	A
28	37,9	120	Y	Abzweig	Links (kurze Abfahrt), *nicht* rechts »Modica«	A
29	40,5	145	⊢	Vor Brücke	Gerade, Option: rechts über Schotterpiste nach Modica Superiore	
30	47,2	300	•	Startpunkt		

kirchen, lohnt eine Erkundungsrunde mit »Break« in einem der zahlreichen Straßencafés.
Abschließend auf der alten Asphaltstraße durch das fruchtbare Tal des Fiume Modica hinauf zum gleichnamigen Ausgangsort.

Die buntblühende Herrlichkeit dieser Talauffahrt kann lediglich der manchentags wenig angenehme Duft der Kläranlage trüben. Eine Zitronen-Granità im Café dell'Arte (Corso Umberto) in Modica rundet diese leichte Iblei-Meeresrunde ab.

Trockenmauern – Murri Secchi

Tour 4: Capra d'Oro

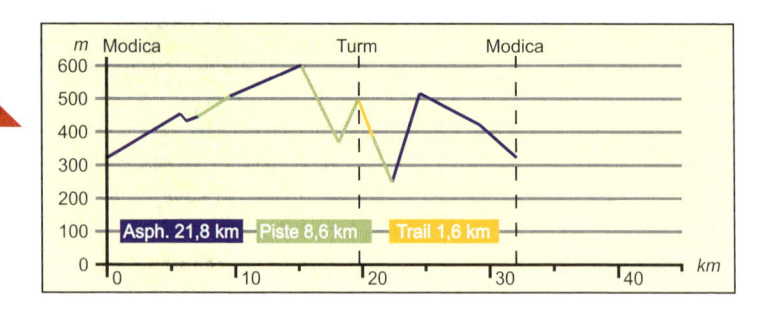

Tour-Infos:

Länge: 32 Kilometer
Höhendifferenz: 785 m
Zeit: 3,5 Stunden
Ausgangsort: Piazza Prinzipe di Napoli (Piazza Monumento) in Modica (Bassa), Parkplätze am Busbahnhof (s. Tour 3).

Schwierigkeit: mittel
Drei Anstiege in den Kategorien leicht, mittel und schwer und eine Downhill-Kombi aus Schotter, Trail und Asphalt garantieren einen abwechslungsreichen Tourenverlauf.
Einkehr: nur in Modica.

Tourenbeschreibung

Am Startpunkt, dem mit Palmen bestandenen Piazza Prinzipe di Napoli – im Volksmund auch Piazza Monumento genannt –, zweigt vom prunkvollen Corso Umberto die Via Marchesa Tedeschi ab und führt in nordöstlicher Richtung bald an der barocken Chiesa San Maria di Betlem vorbei. Kennzeichnend für die »Capra d'Oro« – Runde ist eine Mischung aus On- und Offroad-Elementen und der Kontrast zwischen lieblichem Dahinrollen und wilden Steilpassagen. Durchweg lieblich ist die bei Wegpunkt 3 beginnende Fahrt durch das Valle della Capra. Im *Primavera* und

Downhill vom Torre di Capra d'Oro

Tour 4: Capra d'Oro

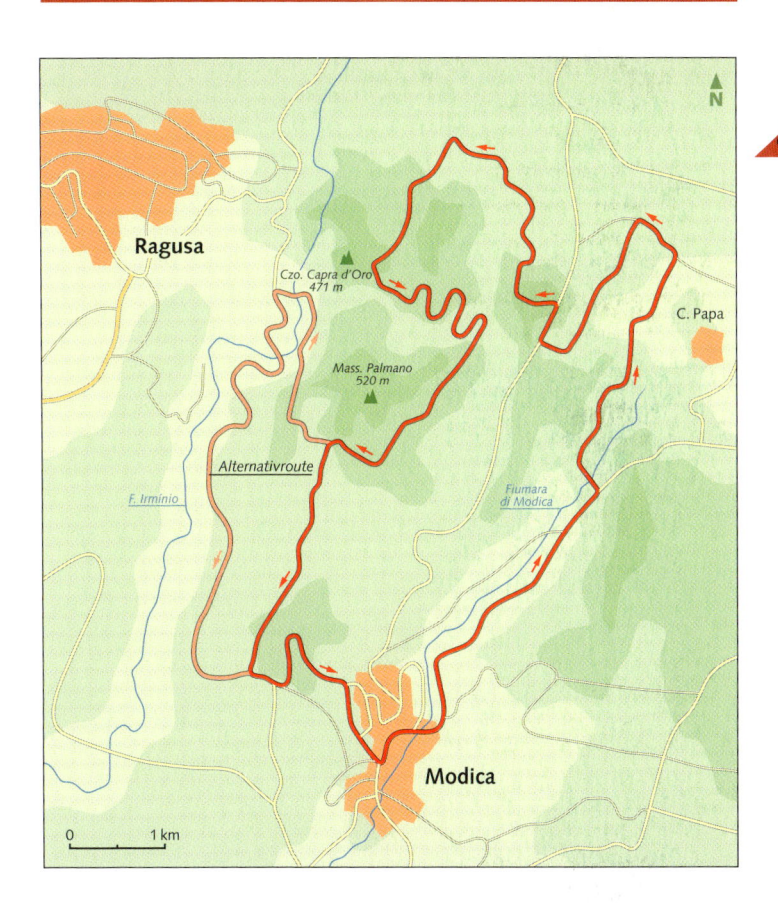

Tour 4: Capra d'Oro

Capra d'Oro   32 km   785 hm   3,5 Std.

WP	km	Hm	Sy	Ort	Richtung/Beschreibung	W
0	0	330		Piazza Prinzipe di Napoli	Via Marchesa Tedeschi Richtung Nordosten, vorbei an Kirche »S. Maria di Betlem«	A
1	0,5	345		Abzweig	Der oberen Straße folgen	A
2	1,0	360		Abzweig	Links, »Frigintini«	A
3	5,6	460		Stoppschild	Steil bergab ins Tal	A
4	5,7	440		Abzweig	Links, das Tal queren	A
5	6,2	470		Kreuzung (Müll)	Rechts, 50 m steil bergab, dann talaufwärts	A/P
6	9,4	505		T-Kreuzung	Links auf Asphalt	A
7	9,9	520		Gabelung	Links	A
8	11,8	580		»Steinverarbeitung«	Rechts	A
9	13,5	570		Fabrik mit Silo	Links	A
10	15,2	600		Abzweig	Links an Wegstein mit Aufschrift »Casmez«, vorbei an Gehöft, dann steil bergab	P
11	17,7	390		Valle della Capra	Rechts, nach ca. 200 m rechts durch grünes Tor; Abkürzung: Links, 0,9 km ohne Steigung bis zu WP 15	P
12	18,5	415		Waldlichtung	Linkskurve	P
13	19,5	500		Nach R-Kurve 50 m unterhalb der Bergkuppe	Links über Mauer steigen u. entlang der Quermauer über Wiese zum Turm schieben.	T
14	19,2	500		Turm	Die Treppe hinunter, dann links auf Pfad. Serpentinen ins Tal	T
15	21,1	395		Bauernhof	Durch Tor, dann rechts auf Fahrweg	P
16	21,7	365		Ende Mauer	Scharf links, bergab Variante: geradeaus auf die andere Talseite zur SS194 hinüber.	P
17	22,4	240		Unterführung	Halblinks, steil aufwärts	A
18	23,9	510		Tor von Gehöft	Rechts auf Asphalt	A
19	25,2	490		Hauptstraße	Scharf links, »Modica«	A
20	27,1	460		Kreisverkehr	Rechts, »Ragusa«	A
21	28,6	425		Kreisverkehr	Links, »Modica Bassa«	A
22	32,0	330	•	Start/Ziel		A

Tour 4: Capra d'Oro

Wegpunkt 13

Autunno (Frühling und Herbst) schmückt sich die Weidelandschaft des Tals mit einem purpurfarbenen Blütenmeer. Flankiert von den allgegenwärtigen Trockenmauern geht's über Nebenstraßen weiter aufwärts, schließlich auf Schotter vorbei an einem Bauernhof und zum Rand der Cava. Unschwer ist hier das gegenüberliegende Ragusa zu erkennen. Adleraugen erblicken nun den markanten Fels »Capra d'Oro« (Fels der Goldenen Ziege) mit dem zinnenverzierten Aussichtsturm. Dort nistende Greifvögel benötigen für die Distanz nur wenige Flügelschläge. Mountainbiker stürzen sich in den 210 m tiefen Abgrund, um sich dann durch einen schattigen *Bosco* wieder nach oben zu schwingen, klettern oben angekommen auf eine Trockenmauer und stelzen schließlich auf dieser samt Bike zum Aussichtsturm hinüber. Ein Abstecher auf den aussichtsreichen Turm lohnt sich.

Abheben können Trailfreunde beim anschließenden, serpentinenreichen Downhill und treffen bei Wegpunkt 15 alle »Flugenten« wieder, die bei WP11 die Abkürzung gewählt haben.

Bei km 21,7 wieder eine Variante: Die Hauptroute führt links, durch einen Bahntunnel, dann steil bergauf. Geradeaus setzt sich der verblockte Downhill konsequent fort, quert schließlich das Flussbett und mündet in die SS194. Hier links auf Asphalt zurück nach Modica (5 km/200 Hm) und/oder Sightseeing/Cappuccino-Abstecher nach Ragusa-Ibla (1 km/200 Hm), rechts ist auf der SS194 bald der Einstieg zur Giro 6 (60,6 km bis WP 4) erreicht.

Abkühlung auf dem Aussichtspunkt

Tour 5: Canalazzo

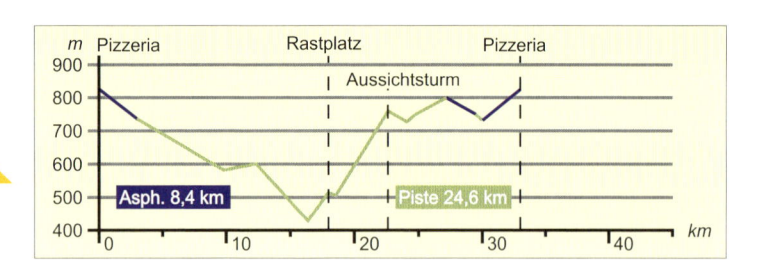

Tour-Infos:

Länge: 33 Kilometer
Höhendifferenz: 625 m
Zeit: 3,5 Stunden
Ausgangsort: Oberhalb der Ortschaft Chiaramonte, Parkplatz der ehemaligen Bahnstation (Pizzeria Vecchia Stazione). Chiaramonte liegt 12 km nördlich der Provinzhauptstadt Ragusa am westlichsten Höhenzug der Monti Iblei.
Schwierigkeit: leicht bis mittel
Diese genussorientierte Schleife ist fahrtechnisch problemlos zu bewältigen.

Tourenbeschreibung

Wenn Sie am Start gedanklich schon bei der Speisekarte der Pizzeria »Vecchia Stazione« sind, ist die Gefahr groß, dass Sie beim »Einrollen« am entscheidenden Abzweig vorbeirollen. Aufgepasst: Bei km 3 zweigt von der SP62 rechts eine Asphaltstraße ab. Hier *nicht* abfahren, sondern kurz darauf links auf eine Schotterpiste und durch Ex-Bahntunnel. Anfangs holprig, dann immer genussvoller führt die Route in mäßigem Gefälle in das Tal des Fiume Amerillo.

Nach einigem Auf und Ab ist der tiefste Punkt der Strecke erreicht: der Eingang zur »Area Attrezzata Canalazzo«. Ist das grüne *Cancello Forestale* (Tor) geschlossen, darf seitlich eingestiegen werden. Pinien und Eichen spenden Schatten auf dem 4 km langen Steilstück. Mit derselben Sturheit der hier frei laufenden Esel *(asilo)* sollten Sie immer dem Hauptweg folgen. Bald ist eine hübsche Picknickzone mit Wasserstelle und kurz darauf das Steingebäude der Contrada Canalazzo erreicht. Die weiterhin schattige, jetzt aber schweißtreibende Bergfahrt endet oberhalb der Waldgrenze auf dem Gipfel des Poggio Utra. Vom Turm des *Corpo Forestale* herrscht an klaren Tagen eine Sicht bis zum Ätna, aber auch zum

Monterosso Almo

Tour 5: Canalazzo

Meer und mit viel Glück bis nach Malta. Purer Genuss sind die restlichen 13 Touren-Kilometer. Nach kurzem Zurückrollen links auf einen Forstweg abbiegen und nach der letzten Pinie zum Hügelkamm hinaufschieben. Ein luftiger Höhenweg schlängelt sich dort in weiten Kurven über saftige Weiden, öffnet wunderbare Vogelperspektiven auf die Orte Monterosso, Giarratana und Chiaramonte, ebenso auf die »zerfurchte« Iblei-Tafelberg-Landschaft und die flache Ebene Richtung Süden. Beim anschließenden Auf und Ab auf dem Scheitel des Höhenzuges weisen die

Tour 5: Canalazzo

Canalazzo 33 km 625 hm 3,5 Std.

WP	km	Hm	Sy	Ort	Richtung/Beschreibung	W
1	0	820		Parkplatz Pizzeria	Rechts abwärts auf SP10 »Ragusa«	A
2	0,5	800		Abzweig	Links auf SP62 »Giarratana«	A
3	3,0	740		Abzw. von SP62	Links, nach 100 m durch Bahndamm	P
4	4,8	690		T-Kreuzung	Rechts, in Linkskurve dem Wegverlauf folgen	P
5	5,7	670		Stein Sentiero Ibleo	Gerade	P
6	9,7	570		Y-Gabelung	Links	P
7	10,4	585		Abzweig	Links, aufwärts, nach 200 m rechts	P
8	11,0	600		Y-Gablung	Links, aufwärts	P
9	12,6	600		Abzweig	Rechts, abwärts	P
10	13,7	500		Asphaltstraße	Links, nach 70 m endet der Asphalt	P
11	16,3	430		Area Attrezzata Canalazzo	Links, durch grünes Tor aufwärts, Forststraße	P
12	18,0	525		Rastplatz	Gerade, (Wasserstelle) kurze Abfahrt	P
13	19,1	565		Nach Häusern	Links, (oberhalb der Forsthäuser)	P
14	20,5	680		Serpentine	Rechts dem Hauptweg folgen	P
15	21,0	720		Serpentine	Links	P
16	21,5	750		Aussichtsturm	0,5 km zurück, dann links auf Waldweg	P
17	22,6	770		Waldrand	Links, 30 m aufwärts schieben, am Bergkamm auf Pfad rechts (Weidetor)	P
18	23,4	740		Rotes Tor	Rad über Tor heben, dann rechts	P
19	23,9	725		Nach Kuppe	Links, aufwärts	P
20	24,7	760		Bauernhof	Gerade, dem Hauptweg folgen	P
21	27,0	800		Beginn Asphalt	Gerade auf Asphaltweg	A
22	29,4	760		Abzweig	Rechts, breite Schotterpiste	P
23	30,0	740		Grünes Tor	Links auf Asphaltstraße	A
24	31,7	780		Kirche	Links auf Hauptstraße	A
25	33,0	820		Startpunkt		

Tour 5: Canalazzo

Iblei-Hochebene

Antennen des Monte Maltempo die Richtung. In weiten Abständen folgen Bauernhöfe, bis schließlich die traurigen Reste des ehemaligen Hotels La Pineta das nahe Chiaramonte ankündigen. *Buon Apetito* in der Pizzeria Vecchia Stazione!

Gran Sentiero Ibleo: Tour folgt in einigen Teilen dem G.S.I., einem Wanderwegenetz, welches durch weiße Wegesteine gekennzeichnet ist. Leider sind diese Wegmarkierungen immer wieder irreführend positioniert.

Area Attrezzata Canalazzo: Bewaldetes Forst- und Erholungsgebiet mit Picknickplätzen unter schattenspendenden Kiefern, Pinien und Eichen. Aufgepasst: frei laufende Esel.

Bosco di Chiaramonte: Waldgebiet zwischen Chiaramonte Gulfi und Monterosso Almo.

Bosco di Chiaramonte

Tour 6: Misericordia

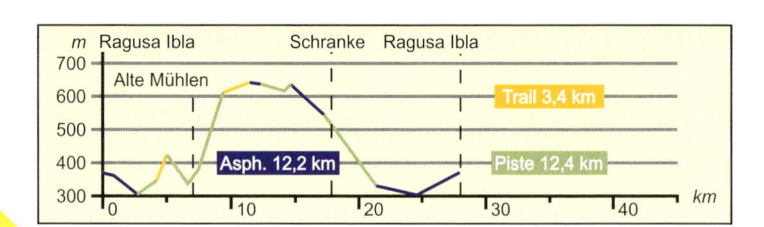

Tour-Infos:

Länge: 28 Kilometer
Höhendifferenz: 510 m
Zeit: 3 Stunden
Ausgangsort: Parkplatz bei Q8-Tankstelle unterhalb Ragusa Ibla (alter Stadtteil der Barockstadt Ragusa). Der Parkplatz ist gut ausgeschildert, da die engen Gassen von Ibla für den Autoverkehr gesperrt sind.
Alternativ: Vom Bahnhof Ragusa Ibla, auf der SS 194 Richtung Ragusa ist nach ca. 200 m WP 3 erreicht. Vor der Brücke rechts in das Seitental einbiegen.
Schwierigkeit: anspruchsvoll Schmale Pfade und holprige Pisten erfordern viel Fahrtechnik, zwei kurze, aber steile Anstiege eine gute Kondition.
Besichtigung: Ragusa Ibla, alte Mühlen (WP9), Kloster Eremo (WP10).
Wasserstelle: bei km 5,5 (400 Hm)

Tourenbeschreibung

Im Mittelpunkt dieser anspruchsvollen Tour steht die bizarre Schlucht Cava della Misericordia, die Schlucht der Barmherzigkeit. Ein gutes Dutzend alter Mühlen erinnern dort an die unmotorisierte Vergangenheit und Beschwerlichkeit des schweißtreibenden Arbeitens. Heute ist das Tal immer noch »unmotorisiert«, der schweißtreibende Uphill am Talschluss wird von Mountainbikern aber oft als unbarmherzig bezeichnet. Vom Startpunkt rollt das Rad zunächst ganz ohne Muskelkraft an der grandiosen Stadtkulisse von Ragusa Ibla entlang. Nach genau einem Kilometer, an der kleinen Kirche, besteht die Möglichkeit links abzubiegen und eine Runde durch die schmalen Gassen der Barockstadt zu drehen. Geradeaus führt eine rasante Asphalt-Abfahrt in das Tal des Fiume Irminio. Unten links auf die SS 194 und direkt nach der Ponte San Leonardo wieder

Trail bei Scala della Nocce

Tour 6: Misericordia

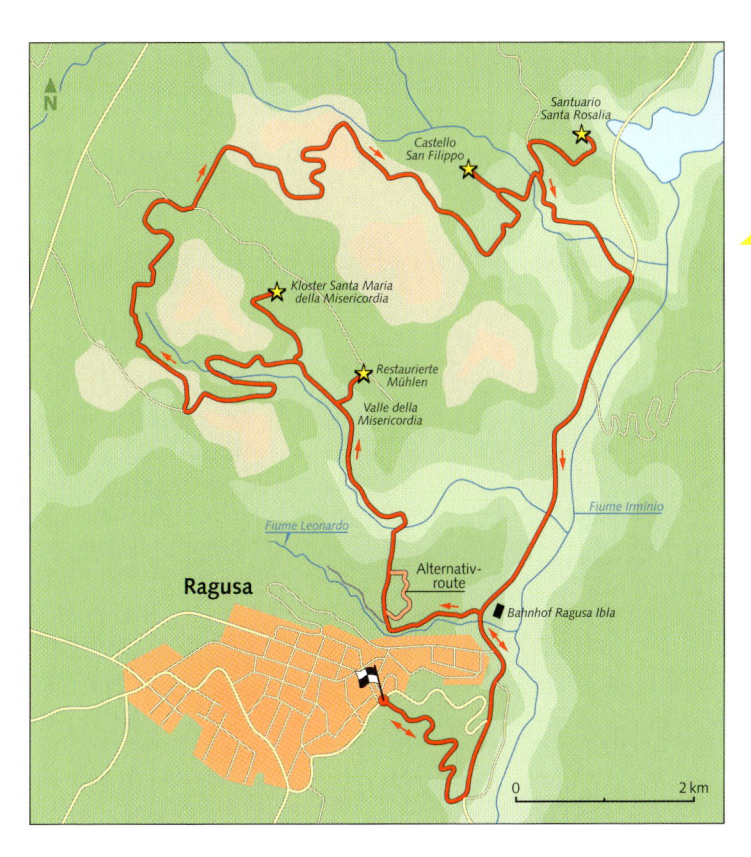

links in das liebliche Seitental hinein. Ab km 4 ist »Schluss mit lustig«, von der Schotterpiste zweigt rechter Hand ein schmaler Trail ab und gewinnt schnell an Höhe. Verwaschene gelb-rote Markierungen dienen als Wegweiser. Nach 100 m rechts auf kleinen Trampelpfad abbiegen und in einem Bogen die so genannte »Scala della Nocce« umfahren oder geradeaus das Bike über den Treppenweg hinauftragen.

Oben angekommen erklärt ein großer Nussbaum die Herkunft des Namens »Scala della Nocce«. Falls Ihnen der steile Trail nicht schon den Atem geraubt hat, tut das jetzt der herrliche Blick auf das gegenüberliegende Ragusa Ibla.

Attenzione: die gesamte *Mulatteria* wird auch von Reitern und Enduro-Fahrern genutzt.

Nach diesem technisch anspruchsvollen Parcours haben die Reifen kurz Asphalt unter den Stollen, dann wird das Profil erneut getestet. Um Bodenkontakt zu halten empfehlen wir die folgende, feinschottrige Abfahrt langsam anzugehen. Unten, im Valle della Misericordia, lohnt es sich eine der stillgelegten Getreidemühlen zu besichtigen. Wasserkraft des *Torrente Ciaramide* hat die Mühlräder einst angetrieben. Bei der Wasserstelle (km 5,5) sollte Flüssigkeit »nachgetankt« werden, um die Bikes dann stetig bergauf, am Ende sehr steil und in Serpentinen auf die Hochebene zu

Tour 6: Misericordia

Misericordia   28 km   510 hm   3 Std.

WP	km	Hm	Sy	Ort	Richtung/Beschreibung	W
0	0	375		Parkplatz (Ibla)	Abwärts, »Giarratana«	A
1	1	370		Kirche S.S. Trovato	Gerade, »Via Giovanni di Quattro«	A
2	2	330		SS194	Links, auf SS 194, »Catania«	A
3	2,7	300		Ponte »San Leonardo«	Nach der Brücke links, dann sofort rechts ins Flusstal	P
4	3,9	335		Abzweig	Rechts, steil aufwärts (gelb-rot-gelbe Markierung), nach 100 m weiter geradeaus (ca. 150 m Tragepassage)	T
5	4,6	395		Asphaltstraße	Gerade auf Asphalt, nach 200 m (Bauernhof) links, auf Schotter ins Tal hinunter	P
6	6,4	455		Einmündung	Gerade, **Abstecher 1**: rechts abwärts zu einer restaurierten Mühle	P
7	7,1	500		Einmündung	Gerade, **Abstecher 2**: rechts abwärts zum Kloster »S. Maria della Misericordia« (2 km)	P
8	9,0	670		Asphaltstraße	2 x rechts, weiter auf Feldweg	T
9	11,5	645		Zweiter Abzweig	Rechts, dann Linkskurve	A
10	12,0	655		Abzweig	Links abwärts, bald auf Schotter	A / P
11	12,6	650		Bauernhof	Links, dann sofort rechts auf Karrenweg (grober Steinbelag)	P
12	13,2	655		Rechtskurve	Dem Hauptweg (verwachsen) folgen	P
13	13,6	645		Bauernhof	Durch den Hof, nach dem zweiten Weidegatter links über Wiesen ca. 200 m leicht aufwärts schieben bis zu einem abgeschrankten Mauerdurchlass	P
14	14,5	645		Mauerdurchlass	Rechts (von Mauern flankierter Weg), nach 100 m rechts auf Asphaltweg	P / A
15	16,4	585		Trafomast	Links, steil abwärts	P
16	16,9	530		Flachpassage	Über Schranke, rechts in Ri. Lago Rosalia steil abwärts	P

Tour 6: Misericordia

17	18,1	440	Abzweig	Rechts, **Abstecher 3**: Links zum »Castello Filipo« (ca. 0,5 km)	P
18	20,0	340	Einmündung	Gerade, **Abstecher 4**: Links zum Santuario Santa Rosalia (2,7 km)	P
19	20,8	360	Asphaltstraße	Rechts auf SS194	A
20	24,8	300	Bahnhof (Ibla)	Geradeaus, nach 200 m ist WP 3 erreicht	A
21	25,7	320	Abzweig	Rechts, aufwärts, »Ragusa Ibla«	A
22	28,0	375	Startpunkt		

treiben. Oben wartet die typische Iblei-Landschaft. Von Trockenmauern flankierte Feldwege verlaufen durch eine blumenreiche Weidelandschaft. Diese Idylle entpuppt sich später als weiterer Materialtest – über grobe Steinplatten geht's dem Downhill zum Fiume Irminio entgegen.

Blick auf Ragusa Ibla

Bikegebiet Parco delle Madonie

Diese besonders beliebte Urlaubs-Kombination Berge und Meer bietet das mittelalterliche Küstenstädtchen Cefalù. Direkt von der Küste steigt dort das dicht bewaldete Gebirgsmassiv der Madonie bis auf 1900 Meter an. Charakteristisch für Madonie-Touren sind lange Anstiege, holprige Pisten und herrliche Ausblicke: auf das Tyrrhenische Meer im Norden, auf die einsame Bergwelt im Süden, nach Palermo im Westen und an klaren Tagen bis zum Ätna im Osten. Bevor es nonstop wieder zum Meer hinuntergeht, belohnen sich Genießer in urigen Dörfern oder in einem Rifugio mit traditionellen Gerichten.

Das Naturschutzgebiet **Parco delle Madonie** wurde 1989 gegründet, liegt in der Provinz von Palermo und bedeckt eine Fläche von 40 000 ha. Die Berge der Madonie sind der westlichste und höchste Teil des sizilianischen Appenins. Der Zentralteil besteht aus einem Kalkmassiv, dessen Hänge zur Nordküste steil abfallen, im Süden zum Hochplateau Innersiziliens übergehen.

In dem 15 000 ha umfassenden Wald sind zahlreiche Pflanzen aus Nordeuropa und Afrika beheimatet. In den Hochlagen wachsen Buchen, in den mittleren Regionen Eschen, Ulmen, Stein- und Korkeichen, aber auch riesige Stechpalmen. In den unteren Lagen werden Oliven, Mandeln, Wein, Gemüse und Getreidesorten angebaut. Außerdem sind große Gebiete, auf denen Schafzucht betrieben wird, von mediterraner *Macchia* bedeckt.

Im Inneren befindet sich ein karstiges Hochplateau, auf dem sich einige felsige Gipfel erheben, darunter der Pizzo Carbonara (1979 m). Der zweithöchste Sizilianer lässt sich als Bike & Hiketour von ambitionierten Bikern problemlos an einem Tag bezwingen (siehe Tour 14). Wer sich mehr Zeit lassen möchte, kann eines der Rifugi am Piano Battaglia (1600 m) als Stützpunkt nutzen.

Ein nicht weniger lohnendes Tourenziel sind die urigen Bergdörfer der Madonie. Mittelalterliche Steinfassaden bilden enge, verwinkelte Gassen; steile Treppenwege und romantische Plätze gehören ebenso zum Bild wie kleine Grüppchen diskutierender, alter Herren, denen nichts entgeht – nicht einmal ein hastig verschlungener Müsliriegel. Ein guter Grund, Gaumenfreuden auf die *Cucina Tipica* zu konzentrieren und Augenmerk auf regionales Kunsthandwerk zu legen.

Am Piano Battaglia ist im Winter ein Skilift in Betrieb – warme, winddichte Kleidung sollte auch während der Bikesaison zur Standardausrüstung gehören.

Ausgangsort Cefalù: Die Kombination aus herrlicher Lage, breitem, feinsandigem Strand und den engen arabischen Flaniergässchen zieht zu Recht zahlreiche Pauschaltouristen, Tagesausflügler, Sprachschüler und abends auch Einheimische an. Man trifft sich in den zahlreichen *Cafès*, *Gelaterien* und *Ristoranti*.

Die malerische Altstadt des ehemaligen Fischerdörfchens drängt sich zwischen Meer und dem 270 m hohen Felsen Rocca di Cefalù. Ihre Berühmtheit verdankt die heute 14 000 Einwohner zählende Küstenortschaft ihrem Wahrzeichen, dem gewaltigen Normannendom von Roger II. Die Kathedrale gilt als eines der großartigs-

Parco delle Madonie – *Mountainbiken und Strandvergnügen*

ten Bauwerke der Normannenzeit, geschmückt mit einem Christus-Mosaik im Innern. Im Hintergrund der Rocca di Cefalù. Der Burgberg lieferte das Baumaterial, den hellen Kalkstein, für die Kathedrale und die antiken Stadtmauern.

Ein 45-minütiger Aufstieg zwischen duftenden Pinien-, Oliven- und Zypressenbäumen belohnt mit wunderbaren Ausblicken auf weite Teile der Nordküste und auf Cefalù selbst. Am östlichen Stadtrand sticht das malerische Capo Kalura ins Meer – Standort der Bikestation Hotel Kalura.

Bikestation / Hotel Kalura:
Die Bikestation wird von Gerrit Curcio, dem deutschsprachigen Besitzer des Sporthotels Kalura engagiert betrieben. 20 Mountainbikes (Fullys) der Marke Porsche stehen zum Verleih. Biker mit eigenem Gefährt finden einen großen Fahrradraum sowie eine kleine Reparaturwerkstatt vor. Nach Absprache werden geführte Touren organisiert.

Ein großer Pool für Sportschwimmer, Tennisplatz, Tauchstation und der idyllische Hotelstrand sorgen für Abwechslung.

Adresse: Bikestation Hotel Kalura, Via Vincenzo Cavalloro 13, 90015 Cefalù, Tel.: +39 0921 421354
▶ www.hotel-kalura.com
Anfahrt: vom Stadtzentrum auf SS113 Richtung Messina, bald links beschildert (etwa 1,5 km nördlich vom Centro).

Bikeshop: in Cefalù gibt es keinen, am besten mit dem Zug nach Palermo fahren. Dort vom Hbf der Via Roma folgen – die dritte Querstraße auf der linken Seite, die Via S. Rosalia wird nicht umsonst auch »Via Bicicletta« genannt.

Prima la dovere, poi il piacere: Erst die Arbeit... aber dann!

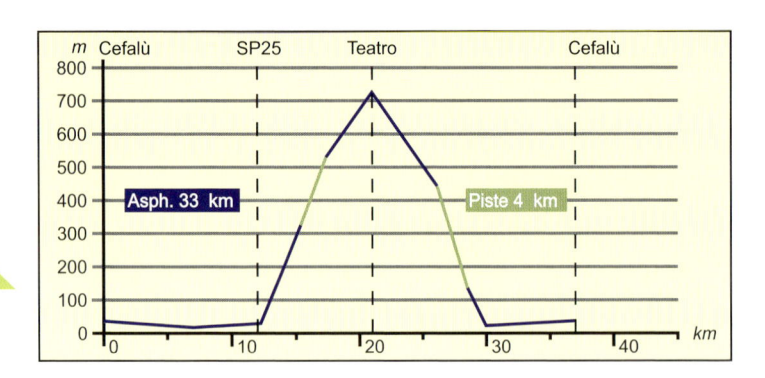

Tour 7: Pollina

Tour-Infos:
Länge: 37 Kilometer
Höhendifferenz: 750 m
Zeit: 3 Stunden
Ausgangsort: beim Abzweig der Küstenstraße SS113 zur Bike-Station Kalura (3 km östlich vom Stadtzentrum Cefalù in Richtung Messina).

Schwierigkeit: leicht bis mittel
Ganz nach Gusto verteilen sich die 750 Höhenmeter auf knackige 11 oder bequemere 13,5 Asphaltkilometer.
Einkehr/Verpflegung: Im Bergdorf Pollina

Tourenbeschreibung

Dem genüsslichen Einrollen entlang der Küste folgt eine mäßig steile Bergfahrt auf dem schmalen Provinzsträßchen Nr. 25. Das saftige Grün der Küstenlandschaft weicht bald einer von mediterraner Macchia überzogenen Berglandschaft. »Hardcore«-Biker biegen bei km 14 links ab und strampeln über die *Direttissima* – eine supersteile Rampe – dem Monte Pollina entgegen. Genussorientierte Radler treten weiter auf der SP25 die wesentlich flachere, aber 2,5 km längere Route hinauf. Bei einem Trinkwasserbrunnen ist so oder so die gleiche Arbeit geleistet, und egal in welchem Tempo Sie alle weiteren Kehren und den knackigen Schlussanstieg nach Pollina angehen, die Uhren in dem idyllischen Bergdorf scheinen langsamer zu gehen. Enge, verwinkelte Gassen und Treppenwege, liebenswürdige alte Herren, die in Grüppchen auf der kleinen *Piazza* und in der Bar stehen, in welcher Frauen so selten gesehen werden wie Cappuccino trinkende Männer. Ob mit oder ohne aufgeschäumter Milch – der Caffé wird Bikerinnen mit viel Respekt serviert und manchmal ertönt sogar ein »Brava«, ein Applausruf, wie zur Festspielzeit im Amphitheater nebenan. Die Steinstufen sind ein herrlicher Rastplatz und eröffnen eine grandiose Kulisse. Weite Teile des *Parco delle Madonie* und der Tyrrhenischen Küste liegen Ihnen zu Füßen. Dann können Sie beim rasanten Asphalt-Offroad-Downhill zurück zum Meer etwas ausruhen, um anschließend fit zu sein fürs Schwimmen im Meer und die Spazierfahrt zurück nach Cefalù.

Parco delle Madonie

Tour 7: Pollina

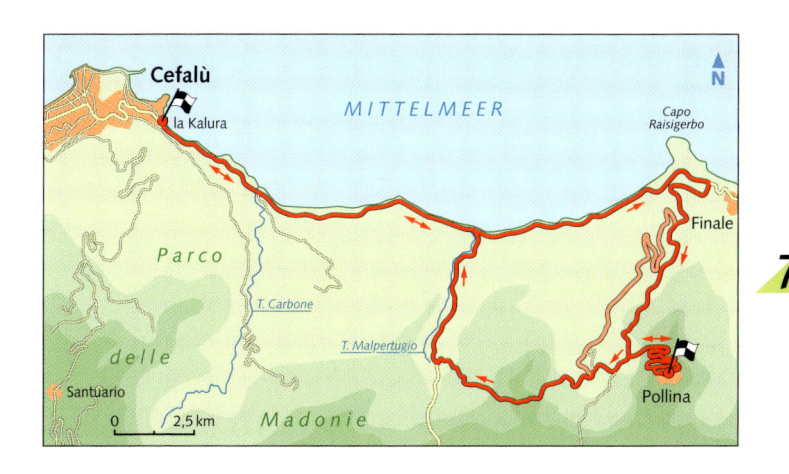

Pollina 37 km 750 hm 3 Std.

WP	km	Hm	Sy	Ort	Richtung/Beschreibung	W
1	0	35		Hotel Kalura Abzweig SS113	Links auf SS113 »Messina«	A
2	7,0	10		Bahnübergang	Gerade weiter auf SS113 »Messina«	A
3	12,0	25		Beginn SP25	Rechts auf SP25 »Pollina«	A
4	14,0	150		Km2/SP25	Links, Variante: rechts der SP25 folgen – (2,5 km länger – wesentlich flacher)	A
5	15,6	320		Stromkasten	Links, kurze Abfahrt auf Kopfsteinpflaster	P
6	16,5	410		Serpentine	Links, Kopfsteinpflaster	P
7	17,4	520		Trinkwasserbrunnen	Links auf SP25 – hier mündet die Variante ein.	A
8	19,6	625		Antennen	Gerade, steil aufwärts »Teatro«	A
9	20,3	700		Pollina	Rechts »Parkplatz«	A
10	21,0	720		Teatro	Zurück zur SP25	A
11	24,3	500		Abzweig SP130	Halbrechts der SP25 folgen	A
12	25,3	460		Abzweig	Links, kurzer Anstieg, nach ca. 900 m auf Schotterpiste steil abwärts	A/P
13	27,2	340		Abzweig	Nach kurzem Anstieg rechts abwärts, dann immer dem Hauptweg folgen	P
14	28,5	130		SS286	Rechts auf SS286 »Cefalù«	A
15	30,0	10		Bahnübergang	Links »Cefalù«	A
16	37,0	35	•	Startpunkt		

Tour 8: Gibilmanna

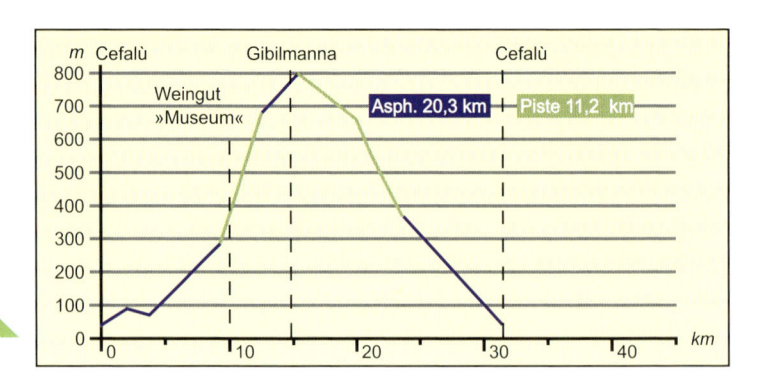

Tour-Infos:

Länge: 31,5 Kilometer
Höhendifferenz: 855 m
Zeit: 3,5 Stunden
Ausgangsort: beim Abzweig der Küstenstraße SS113 zur Bike-Station Kalura (3 km östlich vom Stadtzentrum Cefalù in Richtung Messina).
Schwierigkeit: leicht bis mittel
Einkehr/Verpflegung: beim Santuario Gibilmanna (Bar und Pizzeria)

Tourenbeschreibung

Nach drei relativ verkehrsreichen Kilometern auf der Umgehungsstraße von Cefalù biegt die Route auf die einsame SP136 ab und gewinnt moderat an Höhe. Rechter Hand lässt die üppige Vegetation immer wieder herrliche Blicke auf die Küstenstadt zu. Nach dieser *Bike-Passegiata* folgt ein längerer, teils steiler Offroad-Anstieg. Anfänglich durch die Weinfelder der Vigneta »Museum«, bald durch schattenspendende Eichenwälder. Der im letzten Drittel recht holprige Weg wird bei Kilometer 12,3 durch ein massives Eisentor versperrt. Frei ist jetzt dagegen die Sicht auf den Pizzo Sant'Angelo und die unterhalb liegende Klosterkirche. Wer dort hinauf will, muss sein Bike – am besten links vom Tor – über einen Zaun heben und eine kurze Steilpassage meistern. Die letzten Meter treten sich dann auf Asphalt wie von selbst.

Beim Santuario Gibilmanna angekommen wäre es eine »Sünde«, nur in der Bar/Pizzeria einzukehren, ohne die Klosterkirche zu besichtigen. Unterhalb des ehemaligen Kapuziner-

Bosco delle Madonie

Tour 8: Gibilmanna

Santuario Gibilmanna

Tour 8: Gibilmanna

Gibilmanna 31,5 km 855 hm 3,5 Std.

WP	km	Hm	Sy	Ort	Richtung/Beschreibung	W
1	0,0	35		Hotel Kalura Abzweig SS113	Rechts auf Küstenstr. SS113	A
2	0,05	40		Abzweig	Links »A20«, kurzer Tunnel (Gehweg)	A
3	1,1	55		Beginn SP54	Links »A20 Palermo« / »Gibilmanna«	A
4	2,0	95		Abzw. SP54 »Gibilmanna«	Gerade »A20 Palermo« vorbei am Ospedale	A
5	3,4	75		Stoppschild	Links »San Biagio« SP136	A
6	7,0	250		Y-Abzweig	Links »San Biagio«	A
7	9,1	285		150 m vor Trafostation	Rechts, Beginn Schotterpiste	P
8	10,0	440		Häuser (Weingut »Museum«)	Gerade	P
9	10,7	490		Weinreben	Links, nach 20 m rechts (jetzt flacher)	P
10	12,3	655		Weißes Tor	Gerade durch Tor, dann kurz sehr steil	P
11	12,5	685		Häuser	Rechts auf SP54	A
12	13,5	745		Abzw. SP15	Links »Gibilmanna«	A
13	14,5	770		Abzweig	Rechts »Osservatorio« (Variante: gerade zum Santuario di Gibilmanna (0,3 km)	A
14	15,5	800		Abzweig	Rechts, nach 200 m links, dann vorn vorbei an ehemaligem Golfhaus	P
15	19,9	670		Serpentine	Links	P
16	21,0	550		Weidetor	Gerade, dann dem Hauptweg folgen	P
17	21,9	485		Natursteinpflaster	Rechts	P
18	23,3	365		Kreuzung	Links abwärts, kurze Gegenanstiege	A
19	31,5	35	•	Startpunkt	Hotel Kalura	

klosters führt eine mit Schlaglöchern gesprenkelte Straße zum »Osservatorio« am Gipfel des Pizzo Sant' Angelo (900 m.ü.M.) hinauf. Die zusätzlichen Höhenmeter zum »Engelsberg« sind wegen der himmlischen Rundumsicht mehr als lohnend. Die Hauptroute zieht allerdings auf einen Seitenkamm des Pizzo hinüber. Vogelperspektiven auf die Nordküste bei lockerem Auf und Ab und abschließend eine serpentinenreiche

Tour 8: Gibilmanna

Abfahrt zum 820 m tiefer gelegenen Startpunkt runden die Tour ab.

Santuario di Gibilmanna: Das Wallfahrtskloster am Fuß des Pizzo Sant' Angelo wurde 1619 in nur fünf Jahren erbaut und ist heute eine der bedeutendsten Pilgerstätten der Insel. Besonders am Festtag Mariä Geburt (8. September) kommen Gläubige aus ganz Sizilien, um die Madonna zu verehren.

In diesem Kapuzinerkloster können Sie außerdem die Bibliothek und die Katakomben (Eingang außerhalb) unter der Kirche besuchen. Der Name Gibilmanna kommt aus dem Arabischen und bedeutet »Berg des Manna«. Manna war ein klebriger Süßstoff, der ähnlich wie Ahornsirup von Bäumen (einer Eschenart) gewonnen wurde, die hier sehr zahlreich wuchsen.

Passegiata mit Mountainbike

Tour 9: Giro di Isnello

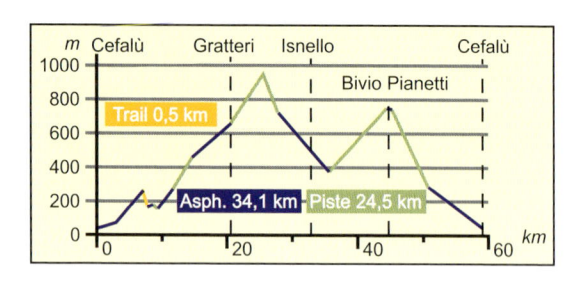

Tour-Infos:

Länge: 59,1 Kilometer
Höhendifferenz: 1822 m
Zeit: 5,5 Stunden
Ausgangsort: beim Abzweig der Küstenstraße SS113 zur Bike-Station Kalura (3 km östlich vom Stadtzentrum Cefalù in Richtung Messina).

Schwierigkeit: mittel bis anspruchsvoll
1800 Höhenmeter über holprige Pisten erfordern gute Kondition und fortgeschrittene Fahrtechnik
Einkehr/Verpflegung: einige Bars in Gratteri. Isnello: Trattoria Smeralda, am Ortsbeginn rechter Hand.

Tourenbeschreibung

Warme Muskeln verschafft die ruhige, aussichtsreiche Straße nach San Biagio. Einen kühlen Kopf und erhöhte Konzentration erfordert der anschließende Downhill-Single-Trail durch teils dichtes Gestrüpp. Bald darauf heißt es Abtauchen in die schattenspendenden Eukalyptus-Wälder von Lascari, später in Eichen-Mischwälder. Das sehr ursprüngliche Bergdorf *Gratteri* eignet sich für einen *Cappuccino-Stopp* und die Besichtigung der *Grotta Grattara*, einer bizarren Steinformation, hoch über dem Ort, die über einen 15-minütigen Wanderweg zu erreichen ist (WP17). Es folgt eine aussichtsreiche Passage mit herrlichem Blick zum Meer, an klaren Tagen bis zur Conca d'Oro von Palermo. Vorbei an der Ruine der Chiesa San Giorgio, durch das gleichnamige Waldgebiet und weiter zum höchsten Punkt auf 890 m, dem Bivio Munciarrati. Im Süden versinkt das Rifugio Luigi Oristano beinahe im ausgedehnten Waldgebiet. Sie verschwinden hoffentlich nicht in den Versenkungen des herrlichen Downhills auf der *Reggio Trazziera 300*, einem der zahlreichen königlichen Hirtenwege. Ein Schmankerl ist der Blick zum Massiv des Pizzo Carbonara – mit 1979 m zweithöchster Gipfel Siziliens. Müde, Hunger, Durst? Die Trattoria Smeralda am Ortsbeginn von Isnello schafft Abhilfe. In leichtem Gefälle chauffiert Sie

Gratteri

Tour 9: Giro di Isnello

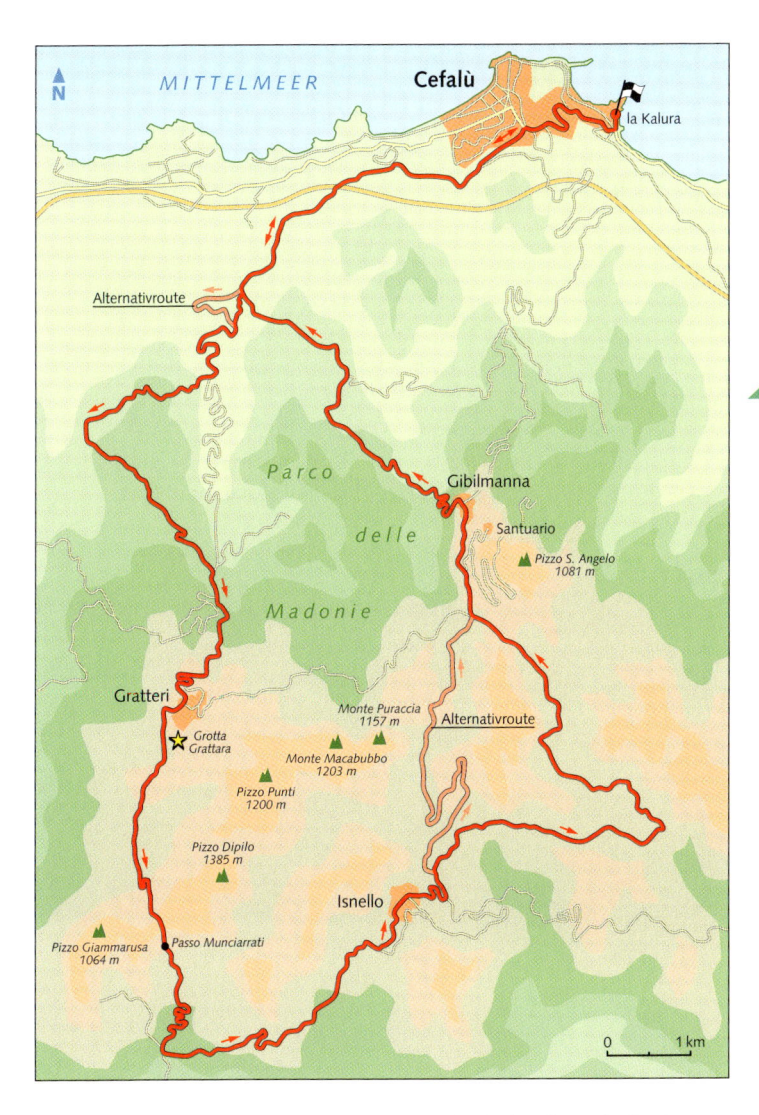

Ihr Drahtesel durch Isnello, den Bergort, der sich zwischen steil aufragenden Kalkwänden eingebettet hat und in früheren Zeiten als Rastplatz für Esel-Karawanen diente. Dem Wasser so nah, scheinen Meer und Küste doch einer fernen Welt anzugehören, denn nach einer rasanten Abfahrt muss nochmals feste in die Pedale getreten werden. Entweder bei der Offroad-Variante mit kurzer Schiebepassage durch das Flusstal oder der wesentlich einfacheren Asphalt-Route am Hang entlang zum Bivio Pianetti hinüber. Bei WP34 evtl. den Abstecher zum Santuario von Gibilmanna »mitnehmen« (s. Tour 8). Der abschließende Downhill führt bald auf Schotterpisten durch die Weinfelder der Vigneta Museum – später auf Asphalt dem mächtigen Burgberg von Cefalù entgegen.

Tour 9: Giro di Isnello

Giro di Isnello 59,1 km 1822 hm 5,5 Std.

WP	km	Hm	Sy	Ort	Richtung/Beschreibung	W
1	0	35		Hotel Kalura Abzweig SS113	Rechts auf Küstenstr. SS113	A
2	0,05	40		Abzweig	Links »A20«, kurzer Tunnel (Gehweg)	A
3	1,1	55		Beginn SP54	Links, »A20 Palermo« / »Gibilmanna«, am Ospedale vorbei	A
4	3,4	75		Stoppschild	Links »San Biagio«, SP136	A
5	6,5	250		Y-Abzweig	Links der Hauptstraße folgen (rechts ist »Vatanara« beschildert)	A
6	6,6	255		Strommast (Pumpstation)	Rechts, nach 10 m zwischen den beiden Gebäuden rechts abwärts auf Trail (anfangs verwachsen). **Variante 1**: scharf rechts auf Asphaltstraße zu WP 7	T
7	7,1	185		Asphaltstraße	Links auf Asphalt, über Brücke	A
8	7,6	190		Erster Abzweig nach Brücke	Rechts auf Fahrweg	P
9	8,0	205		Pinien	Links, nach 100 m rechts	P
10	9,0	170		Gartentore	Links auf Asphalt	A
11	10,9	175		Eukalyptuswald	Nach Linkskurve: links steil bergauf (rechter Hand ist eine Ausfahrt mit Tor)	A
12	11,5	265		Schild »Corpo Forestale«	Rechts auf Forstweg	P
13	13,8	360		Abzweig	Links, nach 500 m rechts aufwärts	P
14	14,7	435		Grünes Tor	Links auf Asphaltstraße (SP29), der Beschilderung »Gratteri« folgen	A
15	20,2	660		Agip-Tankstelle	Rechts »Gratteri«, nach 20 m links in die »Viale Vittorio Emanuelle«	A
16	20,6	645		Corso Umberto	Rechts, bis Kirche, dort auf Kopfsteinpflaster durch enge Gassen abwärts	A
17	20,9	635		Via Fiume	Gerade, dann einige Stufen aufwärts. **Abstecher:** Links zum Eingang der »Grotta Grattara« (ca. 0,6 km)	A
18	21,0	650		Ortsende (Brunnen)	Steil bergab auf Natursteinpflaster	P

Tour 9: Giro di Isnello

19	21,5	625	Schild »Parco delle Madonie«	Steil bergauf, dann immer dem Hauptweg folgen (Natursteinpflaster)	P
20	24,3	815	Waldlichtung	Links, oberhalb nochmals links, den Schildern der Gasleitung folgen	P
21	25,6	945	höchster Punkt	Durch Tor	P
22	27,8	715	Asphaltstraße	Links auf Asphalt (SP9)	A
23	32,2	570	Abzw. Isnello	Links »Isnello«, am Piazza Peppino links hinunter ins Centro	A
24	32,9	570	Piazza Peppino	Links, auf »Corso V. Emanuelle« ins Centro hinunter	A
25	34,2	495	Provinzstraße	Links auf SP54, »Gibilmanna«, »Cefalù«	A
26	34,7	470	Schild »Steinschlag«	Rechts, steil bergab. **Variante 2**: Gerade auf SP54 bis WP33 (Bivio Pianetti)	A
27	35,4	390	Brücke	Nach Brücke rechts auf Fahrweg	P
28	36,4	420	Nach Kurve	Gerade	P
29	37,4	400	Casa Lanzeria	Links, nach 100 m bei Viehtränke links aufwärts, immer dem Hauptweg folgen	P
30	40,7	530	Isnello-Blick	Rechts, nach 500 Meter Übergang auf Pfad (Schiebepassage ca. 600 m)	P
31	41,9	700	Bauernhof	Gerade, Fahrweg	P
32	42,6	720	Eichen-Bäume	Links hinunter, nach 600 m rechts	P
33	44,7	750	Bivio Pianetti (Rastplatz)	Rechts, SP54 »Cefalù«	P
34	45,3	745	Abzw. SP15	Gerade (Abstecher: rechts 1,3 km zur Klosterkirche; Pizzeria). **Variante 3**: weiter bei WP 13 von Tour 8	
35	46,3	690	Nach Hotel Belsoggiorno	In Serpentine bei Häusern links, steil abwärts	P
36	46,6	655	Weißes Tor	Rechts, über Zaundurchlass neben Tor	P
37	48,2	485	Weinreben	Links, nach 20 m rechts, das Weingut »Museum« links liegen lassen	P
38	50,1	280	Asphaltstraße	Links auf SP136	A
39	55,8	70	Hauptstraße	Rechts, »Ospedale«, »Messina«	A
40	58,1	55	Vor Tunnel	Rechts, »Messina«	A
41	59,1	35	Startpunkt		

Tour 10: Giro di Castelbuono

Tour-Infos:

Länge: 57 Kilometer
Höhendifferenz: 1315 m
Zeit: 5,5 Stunden
Ausgangsort: beim Abzweig der Küstenstraße SS113 zur Bike-Station Kalura (3 km östlich vom Stadtzentrum Cefalù in Richtung Messina).
Schwierigkeit: mittel

Uphill-Höhenmeter auf Asphalt – steile Downhills auf Schotter.
Für Variante bei WP26 Roadbook Tour 9 notwendig.
Einkehr/Verpflegung: Valle Grande Ranch (WP6). Nach Anmeldung: Weingut San Anastasia (WP11), in Castelbuono (Trattorien und Bars)

Tourenbeschreibung

Zistrosen, Ginster und Eichen zieren die Straße nach Ferla. Auf der Ranch »Valle Grande« kann man sich für den folgenden holprig-steilen Downhill stärken. In wieder windigeren Höhen löschen ambitionierte Biker nur ihren Wissensdurst über die Produktion des tiefroten San Anastasia-Weines und melden die Degustation für einen anderen Termin an. Geschäftige Idylle verbirgt der Ort Castelbuono. Idylle herrscht im Umkreis des 1316 erbauten Castellos der Ventimiglia, laute Geschäftigkeit im Rest der Stadt. Jahrhundertelang war Castelbuono der größte Manna-Produzent Italiens. Inzwischen wird dieser wertvolle Rohstoff nur noch hier und im nahen Pollina gewonnen. Die fahrtechnisch einfache Weiterfahrt auf Asphalt, alternativ die Offroad-Stre-

Blick auf Capo Kalura

Tour 10: Giro di Castelbuono

cke von Tour 9 WP26 stellt noch einmal eine Herausforderung an die Kondition.

Manna-Produktion
Zwischen Juli und August wird mit mehreren übereinander gesetzten Schnitten die Rinde der Manna-Eschen angeritzt. Bei der Berührung mit Luft verfestigt sich der herausquellende süße Saft und bildet eine Stange, die nach acht Tagen abgenommen und an der Sonne getrocknet wird.
Noch heute wird Manna für Süßspeisen verwendet oder als natürliches Abführmittel insbesondere für Kleinkinder eingesetzt.

Castelbuono

Tour 10: Giro di Castelbuono

Giro di Castelbuono 57,1 km 1315 hm 5,5 Std.

WP	km	Hm	Sy	Ort	Richtung/Beschreibung	W
1	0	35		Hotel Kalura Abzw. SS113	Rechts auf Küstenstr. SS113	A
2	0,05	40		Abzweig	Links »A20«	A
3	0,2	50		Abzweig	Links aufwärts, »Ferla«	A
4	8,0	365		Kreuzung	Links abwärts, »Crociata«	A
5	8,9	395		Ende Asphalt	Gerade aufwärts auf Fahrweg	P
6	9,6	405		Valle Grande Ranch	Gerade	P
7	10,3	360		Asphaltstraße	Rechts, steil abwärts	P
8	10,8	200		Olivenplantage	Links	P
9	12,6	185		Steinhaus	Rechts	P
10	14,1	145		Asphaltstraße	Rechts, »Azienda Abbazia San Anastasia«	A
11	17,1	420		Weingut San Anastasia	Gerade (Wein besser erst im Hotel Kalura probieren)	P
12	18,6	355		Grünes Gartentor	Quasi gerade, parallel zum Gartenzaun hinunter	P
13	18,9	325		Abzweig	Rechts, nach 20 m Wasserstelle	P
14	19,3	340		Telefonleitung	Links, steil abwärts	P
15	20,4	225		Asphaltstraße	Links, dann rechts auf SS286	A
16	23,5	295		Einmündung	Gerade, »Castelbuono Centro«	A
17	24,5	345		Istituto	Rechts, dann rechts zum Castello	A
18	25,3	390		Castello	Gerade durch Tor	A
19	25,6	380		Piazza (mit Brunnen)	Rechts in Via Roma, nach 400 m SP9 Ri. »Isnello«	A
20	35,7	525		Abzw. Isnello	Gerade »Cefalù« SP54; **Variante:** Offroad zum WP 21 wie Tour 9 WP 26	A
21	42,6	750		Bivio Pianetti (Rastplatz)	Gerade auf SP54 »Cefalù«	A
22	43,2	745		Abzw. SP15	Gerade (Abstecher: rechts, 1,3 km zur Klosterkirche Gibilmanna	A
23	44,2	690		Nach Hotel Belsoggiorno	In Serpentine bei Häusern links steil abwärts	P
24	44,5	655		Weißes Tor	Rechts, über Zaundurchlass neben Tor	P

Tour 10: Giro di Castelbuono

25	46,1	485	⇞	Weinreben	Links, nach 20 m rechts, das Weingut links liegen lassen	P
26	48,0	280	⇘	Asphaltstraße	Links auf SP136	A
27	53,7	70	⇗	Hauptstraße	Rechts, »Ospedale«, »Messina«	A
28	56,0	55	⇞	Vor Tunnel	Rechts, »Messina«	A
29	57,1	35	•	Startpunkt		

Ginsterblüte

Ort in der Madonie

Blick auf das Tyrrhenische Meer

Parco dell'Etna – *Der Olymp unter den Bikegebieten*

Bikegebiet Parco dell'Etna

Die Wege beginnen sanft zwischen blühenden Ginster- und Zitrusbäumen, schrauben sich durch schattige Laubwälder höher und gipfeln in der bizarren Lavawüste des aktiven Vulkangiganten.

Für die Entstehung des 3340 Meter hohen Vulkans Ätna (ital. Etna) ist seine geologische Lage an der Reibungszone der Europäischen mit der Afrikanischen Erdplatte verantwortlich. Trotz oder gerade wegen seiner hohen Aktivität wird der Ätna von Vulkanologen als gutmütig eingestuft. Die normale Aktivität besteht aus einer permanenten Entgasung der Magma, die im Schlund der vier Gipfelkrater steht. Neben den deutlich sichtbaren, friedlich austretenden Gasen kommt es regelmäßig zu explosiven Entgasungen. Hierbei werden glühende Lavabrocken herausgeschleudert. Ein gefährlicher Magmadruck wie z. B. beim Vesuv kann sich daher nicht aufstauen.

Hinweis: Die Kraterbesteigung des Ätna (oberhalb 2700 m) ist nur mit autorisiertem Führer erlaubt.

Durch die Lavaströme der Ätna-Ausbrüche sind noch nie Menschen zu Schaden gekommen, dagegen werden regelmäßig touristische Infrastrukturen wie Skilifte und Straßen beschädigt sowie Ortschaften bedroht – 1693 wurden sogar große Teile der 20 km entfernten Stadt Catania zerstört.

Am häufigsten (ca. alle 2–3 Jahre) kommt es zu so genannten Flankeneruptionen. Diese werden durch Erdbeben verursacht. Es entstehen Spalten bzw. Risse im Vulkanmantel, durch die dann Magma herausquillt. Gut 350 Nebenkrater (Parasitärkegel), die bis zu 250 m aus dem Vulkanrücken herausragen und eigene Namen tragen, sind dabei schon entstanden. Zusammen mit den bizarren Gesteinsformationen der erstarrten Lavaströme und den verschiedenartigsten Vegetationszonen prägen sie das faszinierende Landschaftsbild von Europas höchstem Feuerberg. Die Pflanzenwelt ist eine der artenreichsten der ganzen Mittelmeerregion und erhält von der oft niederregnenden Asche eine fortlaufende, mineralreiche Düngung. Neben dem D.O.C. geadelten Wein gedeihen auf dem fruchtbaren Vulkanboden prächtiges Obst, Zitrusfrüchte, Mandeln, Pistazien und Haselnüsse. Wegen des milden Klimas sind die dem Meer zugewandten Hanglagen bis etwa 900 Meter besonders ertragreich. Zwischen 900 und 1800 m stehen große Kastanien-, Eichen- und Kiefernwälder, von 1800 bis 2000 m wachsen Birken und Buchen, die auf Sizilien ihre südlichste Verbreitungsgrenze haben. Oberhalb von etwa 2400 m gedeihen Büsche und stachelige Sträucher, dazwischen Veilchen und Hornkraut. Darüber beginnt vulkanische Wüste, die bis zu fünf Monate im Jahr schneebedeckt ist (auf der Nordseite oft noch länger). Lavaströme aus neuerer Zeit, auf denen die Vegetation noch nicht »Fuß gefasst« hat, sind auch in niedrigeren Lagen anzutreffen.

Besonders beeindruckend bei Touren auf den freistehenden Schichtvulkan sind neben den herrlichen Ausblicken die faszinierenden Farbenspiele.

Die pechschwarzen bis rotbraunen Böden werden im Mai von der leuchtend gelben Ginsterblüte, im Sommer vom satten Grün der Wälder, im Herbst von gefärbten Laubbäumen und im Winter von glitzerndem Schnee kontrastiert. Für die Erkundung der am Wegesrand der Touren

Parco dell'Etna – *Der Olymp unter den Bikegebieten*

gelegenen Lavahöhlen ist eine Taschenlampe erforderlich.

Der 1987 gegründete Regionalpark Parco dell'Etna umfasst mit 59000 ha den gesamten Vulkan oberhalb der Ortschaften. Im Park gibt es eine gut gepflegte Infrastruktur an Forst- und Wanderwegen sowie zahlreiche Hütten (Rifugi). Eine Besonderheit sind neben den drei bewirtschafteten Hütten die mindestens acht Rifugi (Selbstversorgerhütten). Diese stehen für jedermann offen, eine Feuerstelle und meist auch ein Brunnen sind vorhanden. Isomatte, Schlafsack und Verpflegung müssen selbst mitgebracht werden. Asphaltstraßen führen jeweils vom Norden (Linguaglossa) bzw. vom Osten (Zafferana) und Süden (Nicolosi) zu den beiden auf fast 2000 m gelegenen Besucherzentren Ätna Süd (Rifugio Sapienza) und Ätna Nord (Piano Provenzana) hinauf.

Standorte
Bewirtschaftete Hütten: Club Alpino Italiano (CAI); Club Alpino Siciliano (CAS)
Rifugio Brunek (CAI, 1400m), Strada di Mareneve, Tel. 095-643015
Rifugio Ragabo (CAS, 1380 m), Strada di Mareneve, Tel. 095-647841
Rifugio Citelli (CAS, 1750m), Strada di Mareneve, Tel. 095-7824026, www.rifugiocitelli.it/
Rifugio Sapienza (CAI, 1880m), Piano Provenzana, Ätna-Süd, Tel. 095-911062, alternativ im unweit entfernten Hotel Cosaro, Tel. 095-914122
Linguaglossa, Pension Villa Refe, Via Mareneve 42, Tel. 095-643926

Das in Karten verzeichnete Rifugio Nord-Est wurde, wie auch die gesamte Besucherzone Piano Provenzana mitsamt Liftanlagen »Ätna Nord«, im Oktober 2002 von einem Lavastrom zerstört und war bis zur Drucklegung nicht wieder aufgebaut.

Bikeverleih
Giardini Naxos, La Bicicletta, Via Nazionale 118, an der SS114 Richtung Catania und
Taormina, Hotel Schuler, Via Roma, Tel. 094223481

Bikeshops
Linguaglossa, Cicli Santangelo, Via Umberto 55
Randazzo, Cariola A, Velo e Moto, Tel. 095-7991731, an der Hauptstraße Ri. »Ätna«, kurz nach der Unterführung, Besitzer spricht deutsch und ist sehr hilfsbereit.

> *So viele königliche Berge Europa besitzen mag, nur einer ist wahrhaft göttlich und krönt das Abendland – der Ätna auf Sizilien.*
> *(Johann Gottfried Seume)*

Kleine Lavakunde
Austretendes, entgastes und bis zu 1000 °C heißes vulkanisches Fördermaterial wird Lava genannt. Im Fachjargon wird dieses mit hawaiianischen Namen spezifiziert. Am Ätna trifft man am häufigsten auf die Aa-Lava – zähflüssige Lava, die langsam abkühlt, eine raue Oberfläche aufweist und oft in scharfkantige Brocken zerbricht. Die Pahoehoe-Lava (Seil- oder Wulstlava) entsteht durch heißere, dünnflüssigere Lava und hat eine relativ glatte, wulstförmige Oberfläche. Lavaprodukte, die aus dem Schlot herausgeschleudert werden, unterscheidet man entsprechend ihrer Größe: Asche sind Partikel mit weniger als 2 mm Durchmesser, Steinchen kleiner als 65 mm heißen Lapilli. Als feste Körper ausgestoßene, kantige Gesteinsbrocken nennt man »Blöcke«, und Lava, die im glühenden Zustand herausfliegt und sich in der Luft kugelförmig abrundet, hat man »Bomben« getauft. Lava fließt normalerweise nur in Schrittgeschwindigkeit.

Tour 11: Monte Nero

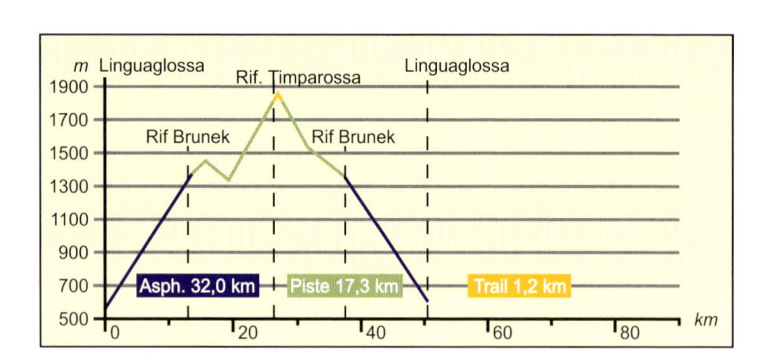

Tour-Infos:

Länge: 50,5 Kilometer
Höhendifferenz: 1520 m
Zeit: Bike 5 Std. und Hike 1 1/4 Std.
Ausgangsort: Ortschaft Linguaglossa, Bahnhof der Schmalspurbahn Circumetnea
Schwierigkeit: mittel
Gut die Hälfte der 1520 Höhenmeter werden auf Asphalt bewältigt. Die Lavapisten sind, von kurzen Steilpassagen abgesehen, durchwegs gut befahrbar.
Hike: Aufstieg auf den Nebenkrater Monte Nero (ca. 1 1/4 Std. für Auf- und Abstieg)

Variante 1: Anfahrt mit Auto bis Rifugio Brunek, von dort über die Grotta delle Gelo bis zum Rifugio Timparossa. Aufstiegsmöglichkeit zum Monte Nero. Auf gleichem Weg zurück (27,8 km / 790 Hm / 3,5 Std).
Einkehr/Verpflegung: Rifugio Brunek und Rif. Ragabo (je 13 km), Pizzeria/Trattoria Sciaramanica (km 3 bzw. km 33,6)

Tipp: Taschenlampe für Grotta delle Palombe und Grotta delle Gelo.

Tourenbeschreibung

La Strada di Mareneve – der Name dieser Ätna-Höhenstraße zergeht auf der Zunge wie die Pistazien-*Biscotti* in den Pasticcerien des Städtchens Linguaglossa, dem Startort der Straße »Vom Meer zum Schnee«. *La lingua* bedeutet »Sprache« oder auch »Zunge« – Lavazungen haben das sympathische Städtchen mehrfach bedroht und so seinen Namen geprägt.
Am Bahnhof der Schmalspurbahn Circumetnea (950 mm-Spur) geht's schnurstracks in moderater Steigung Richtung Ätna. Feigenkakteen, Zitruspflanzen und Weinreben gedeihen auf dem fruchtbaren Lavaboden am Straßenrand. Bald taucht die »Mareneve« in den dichten Ätna-Mischwald ein und gewinnt über zahlreiche Serpentinen an Höhe. Bevor Sie in den Offroad-Part der Tour einsteigen, sollten Sie in der gemütlichen Berghütte Rifugio Brunek zumindest auf einen *Cappucco* einkehren und beim freundlichen Hüttenwirt Michele (spricht ein wenig deutsch) Informationen über die derzeitige Aktivität des Vulkans einholen. Nur einen Kilometer oberhalb des Rifugios ist 2002 ein zweihundert Meter breiter und mehrere Meter dicker Lavastrom über die *Strada di Mareneve* geflossen. Unterhalb vom Brunek beginnt eine Forstpiste, die durch dichten Pinienwald auf eine kleine Anhöhe führt. Dort ist im Steingebäude Caserma Pittarone der *Corpo Forestale* ein

Tour 11: Monte Nero

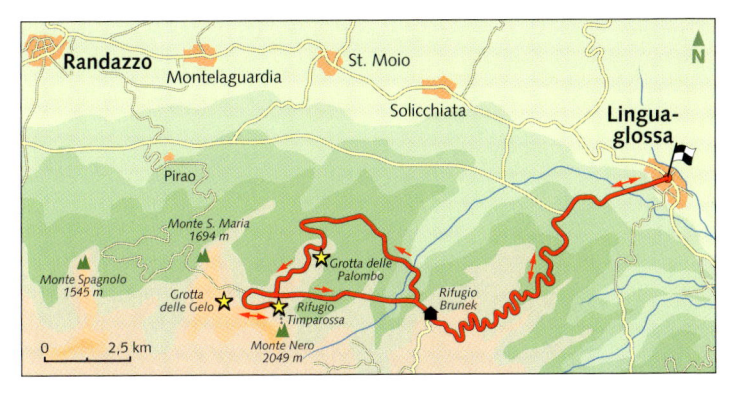

Ätna – Zentralkrater

Tour 11: Monte Nero

Monte Nero	50,5 km	1450 hm	5 Std. Bike und 1 1/4 Std. Hike		
WP	km	Hm	Sy	Ort	Richtung/Beschreibung	W
0	0,0	550		Bahnhof Linguaglossa	Gerade bei Bahnlinie (Schranke), »Ätna Nord«	A
1	3,0	700		Pizzeria Sciaramanica	Gerade, »Ätna Nord«	A
2	13,0	1370		Rifugio Brunek/ Rifugio Ragabo	Gegenüber vom Rif. Ragabo rechts auf Forstweg, Holzschild »Posta di Cotura«	P
3	14,5	1460		Steinhaus (Corpo Forestale)	Gerade, steil abwärts. **Variante 1:** Links, dem Hauptweg zum WP 8 folgen (4,5 km).	P
4	15,3	1355		Schild »Zona A«	Links aufwärts durch Schranke	P
5	18,3	1295		Holzschild »Rif. Brunek«	Gerade aufwärts	P
6	19,3	1340		Steinhaus	Links aufwärts	P
7	21,7	1515		Grotta delle Palombe	Dem Wegeverlauf folgen **Besichtigung:** Lavahöhle	P
8	22,3	1565		Rastplatz	Rechts, »Monte Spagnolo«	P
9	24,1	1655		Grotta delle Gelo	Links, »Rif. Timparossa« **Abstecher zu Fuß:** geradeaus den Markierungen zur Grotte folgen (10 min)	P
10	26,3	1780		Rif. Timparossa	Links (die Weiterfahrt ist sehr steil, evtl. Bike hier abstellen)	T
11	26,9	1850		Waldrand / Ende Forstweg	Auf gleichem Weg zurück, **Hike:** Auf- und Abstieg zum Monte Nero (2050 m) ca. 1 1/4 Std.	T P
12	29,7	1655		Grotta delle Gelo	Rechts, »Grotta delle Palombe«	P
13	31,5	1565		Rastplatz	Gerade, »Rifugio Brunek«, **Variante 2:** Links dem Hinweg folgen.	P
14	36,0	1460		Steinhaus (Corpo Forestale)	Rechts, dem Hauptweg abwärts folgen	P
15	37,5	1370		Rif. Brunek / Ragabo	Links auf die Strada di Mareneve	A
16	50,5	550	•	Startpunkt		A

Tour 11: Monte Nero

Ätna-Höhenweg

Schutzraum eingerichtet, der auch zum Übernachten genutzt werden kann. Falls Sie wenig Zeit im Gepäck haben, können Sie hier (Variante 2) links, auf dem Hauptweg, direkt zum Wegpunkt 8 fahren. Unsere Route führt am Forsthaus geradeaus, steil bergab, um den Lavastrom von 2002 unterhalb zu umfahren. Nach der ebenso lang gezogenen wie eindrucksvollen Ab- und Auffahrt erreichen Sie – wieder im Pinienwald – die *Grotta delle Palombe*. Nur mit einer Taschenlampe ist die Erkundung der Höhle sinnvoll.

Bei der Weiterfahrt stoßen Sie oberhalb der Waldgrenze auf einen Abzweig. Von hier ist erneut eine Lavahöhle – die *Grotta dei Lamponi* – in zehn Minuten zu Fuß erreichbar. Nach links zieht die Piste, jetzt über einige Schleifen, zum *Rifugio Timparossa* hinauf. Von der unbewirtschafteten Hütte führt die Piste noch 0,6 km weiter steil bergauf. An einer vulkanologischen Messstation beginnt der Fußweg. Dieser verläuft erst parallel zum Waldrand auf den dicht bewachsenen Monte Timpa Rossa zu, quert dann zum kahlen und sehr steilen *Monte Nero* hinüber. Von dem 2049 Meter hohen Gipfel sieht man hervorragend auf die Lavaströme und Ausbruchstellen vom Oktober 2002. Der nicht ganz einfache Aufstieg ist aber auch wegen der Sicht zum Gipfelkrater sowie auf weite Teile der Ostküste lohnenswert. Lohn der vielen Höhenmeter ist die lange, traumhafte Lavapistenabfahrt, die unterhalb von 1200 m.ü.M. auf Asphalt fortgesetzt wird. Mit Beginn der Provinzstraße nach Linguaglossa stoppt ein kurzer Anstieg das Abrollen zum Startort.

Tour 12: Ginestra dell'Etna

Tour-Infos:
Länge: 50 Kilometer
Höhendifferenz: 1280 m
Zeit: 4,5 Std.
Ausgangsort: Ortschaft Bronte, an der SS284 am nördlichen Ortsende beim Café Mundial; Parkplatz gegenüber Supermarkt Euro Spin. In Bronte ist auch eine Haltestelle der Circumetnea.
Alternative Ausgangsorte: Parkplatz bei WP2 (nur mit Kfz).
Schwierigkeit: mittel

Gut ausgebaute Lavapisten mit einer kurzen Trailpassage sind für trainierte Biker problemlos zu bewältigen.
Einkehr/Verpflegung: Nur am Startort in Bronte
Radschlag: Bronte, die Stadt der Pistazien, ist berühmt für Süßwaren und alle anderen erdenklichen Lebensmittel, die von oder mit diesen Steinfrüchten zubereitet werden können.

Tourenbeschreibung
Baumhoch wächst der Ginster an den Nordhängen des Ätna – stellenweise wird der im Frühjahr gelb leuchtende Wald von neueren, noch kahlen Lavaströmen durchbrochen, hier und da von den pechschwarzen Schlackekegeln der zahlreichen Nebenkrater überragt.
Eine mit Lavasteinen gepflasterte Zufahrtsstraße ist das perfekte Warm-up für diese eindrucksvolle Vulkantour. Ab km 7,3 geht's mal flach, mal etwas steiler, vorbei an den Nebenkratern Monte Ruvolo, Monte Arso und Monte Lepre bis zum imposanten Monte Rosso. Hier mutiert die gut präparierte Lavapiste zum Trail, der zudem die ersten 200 Meter von Gräsern überwuchert ist. Stellenweise muss geschoben werden, der breite Ätna-Höhenweg ist aber bald erreicht. Beim Rifugio Galverina (nicht bewirtschaftet) ist der höchste Punkt erreicht – eine geniale Abfahrt führt in den typischen Ätna-Laubwald und endet nach reichlichen Serpentinen auf einer schmalen *Strada asfaltato*.

Ätna-Biwakhütte

Tour 12: Ginestra dell'Etna

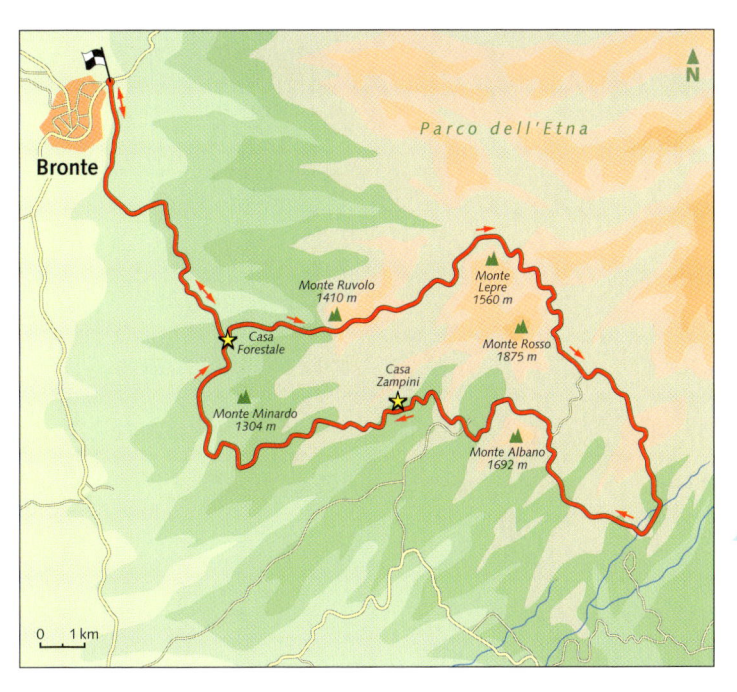

Rifugio am Ätna

Tour 12: Ginestra dell'Etna

Ginestra dell'Etna 50 km 1280 hm 4,5 Std.

WP	km	Hm	Sy	Ort	Richtung/Beschreibung	W
0	0	840		Bronte, SS284 / Café Mundial	Am nördlichen Ortsende rechts, »Hotel Parco dell'Etna«	A
1	0,1	860		Brücke	Gerade über Brücke, nach km 3,7 endet der Asphalt, dann Lavapflaster	A/P
2	7,3	1140		Steinhaus / Steinmauer	Gerade durch Gatter	P
3	8,4	1190		Abzweig	Rechts, dem Hauptweg folgen	P
4	10,3	1270		Einmündung	Gerade, dem Hauptweg folgen	P
5	13,9	1420		Große Eiche	Rechts aufwärts, »Monte Rosso«	P
6	15,9	1630		Monte Rosso	Weg wird zum Trail, teils mit Gras zugewachsen	T
7	17,1	1745		Hauptweg	Scharf rechts auf Hauptweg, nach 300 Metern rechts, »Galverina«	P
8	17,7	1760		Abzweig	Links aufwärts, »Galverina«	P
9	19,2	1830		Rifugio Galverina	Rechts, leicht abwärts	P
10	22,8	1725		Kreuzung	Scharf rechts, abwärts	P
11	23,9	1655		Schild »Zona A«	Links, abwärts	P
12	24,7	1620		Hauptweg	Links auf Hauptweg	P
13	26,3	1680		Y-Abzweig	Links, »Monte Intraleo«	P
14	29,5	1465		Schranke	Links	P
15	31,0	1355		Asphaltstraße	Rechts, steil aufwärts	A
16	32,9	1500		Großer Parkplatz	Gerade durch Tor auf Piste, nach 150 Meter links Ri. »Prato Fiorito«	P
17	35,8	1320		Casa Catini	Links, »Prato Fiorito«	P
18	39,9	1080		Abzweig	Rechts (leicht zu übersehen!), geradeaus folgt nach 300 Metern eine grüne Schranke	P
19	42,7	1140		Steinhaus (WP2)	Links auf Kopfsteinpflaster	P/A
20	50,0	840	•	Bronte / SS284		

Tour 12: Ginestra dell'Etna

Ein kurzer, knackiger Anstieg treibt den Puls hier noch einmal auf Hochtouren.
Beflügelt von der folgenden Abfahrt, vorbei an skurrilen Biwakhütten, übersieht man nur allzu leicht den Abzweig bei km 39,9. Hier geht's rechts, nochmals leicht aufwärts, zurück zum Anfang/Ende der Lavasteinstraße.

Lava von 2002

Tour 13: Grande Giro dell'Etna

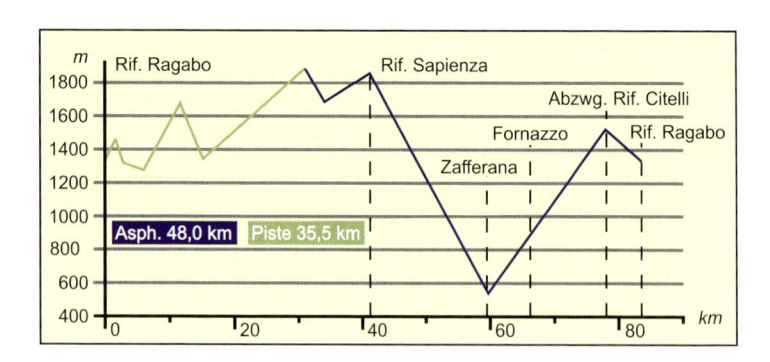

Tour-Infos:

Länge: 83,5 Kilometer
Höhendifferenz: 2035 m
Zeit: 9 Std.
Ausgangsort: Rifugio Ragabo, Rifugio Brunek, Anfahrt s. Tour 11, WP 0-2
Alternative Ausgangsorte: Linguaglossa (Bahnhof der Circumetnea, Zafferana Etnea (WP17).
Schwierigkeit: extrem
(als Zweitagestour mittel)
Als Tagestour stellen die 2035 Höhenmeter und 83,5 Kilometer, davon jeweils gut über die Hälfte auf Lavapisten, extreme Ansprüche an Kraft und Ausdauer.
Hinweis: Wer unterwegs die beschriebenen Lavahöhlen besichtigen möchte, den eindrucksvollen Abstecher auf den Monte Nero sowie einen Ausflug Richtung Kraterrand einplant, sollte sich für diese »Königsetappe« unbedingt zwei Tage Zeit nehmen.

Varianten: Startpunkt in Linguaglossa (+26 km / 870 hm, siehe Tour 11);
Abstecher zum Monte Nero WP4 (+ 2,8 km, 195 hm per Bike / + 1,5 km, 200 hm per Hike);
Abstecher zum Torre del Filosofo auf 2550 m (+ 10 km / 850 hm).
Einkehr/Übernachtung: Rifugio Brunek, Rif. Ragabo (beide Start/ Ziel), Rif. Sapienza (km 37,9), Orte Zafferana Etnea (km 56) und Milo (km 61), Rif. Citelli (900 Meter von WP21)

Tipp: Ausreichend Getränke mitnehmen (41,2 km ohne Versorgung). Taschenlampe für *Grotta delle Palombe* und *Grotta delle Gelo*.

Tourenbeschreibung

Beim Rifugio Ragabo zweigt von der Strada di Mareneve eine Lavapiste ab und gewinnt durch herrlichen Pinienwald führend langsam an Höhe. Schon nach 1,5 km ist die Waldgrenze erreicht. Der durchwegs gut ausgebaute Ätna-Höhenweg führt in gemächlicher Steigung zur *Grotta delle Gelo* hinauf. Gipfelstürmern empfehlen wir hier den in Tour 11 beschriebenen Abstecher zum Monte Nero. Geradeaus folgt eine 5 km lange Abfahrt, die dazu verleitet, an WP15 vorbeizudüsen. Deshalb aufgepasst: In einer Serpentine zweigt ein schmaler Weg ab, bald muss das Bike auf

Selbstversorgerhütte

Tour 13: Grande Giro dell'Etna

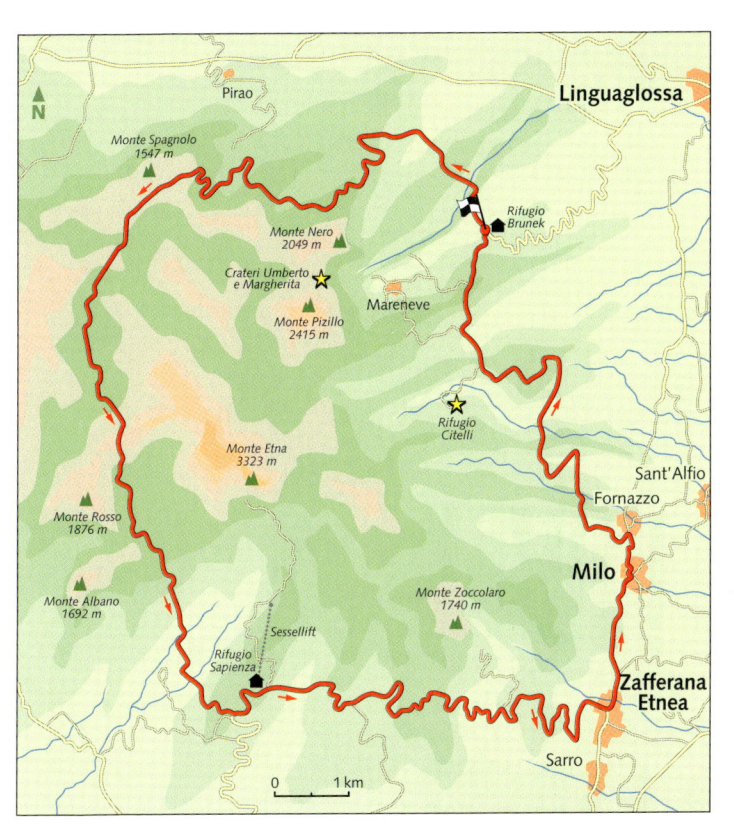

Ätna-Höhenweg

Tour 13: Grande Giro dell'Etna

Grande Giro dell'Etna 83,5 km 2035 hm 9 Std.

WP	km	Hm	Sy	Ort	Richtung/Beschreibung	W
1	0,0	1370		Rifugio Ragabo/ Rifugio Brunek	Gegenüber vom Rif. Ragabo rechts auf Forstweg, Holzschild »Posta di Cotura«	P
2	1,5	1460		Steinhaus (Corpo Forestale)	Links, dem Hauptweg folgen	P
3	6,0	1565		Rastplatz	Gerade, »Monte Spagnolo« **Abstecher**: Rechts hinunter (ca. 1,6 km) zur Grotta delle Palombe.	P
4	7,8	1655		Grotta delle Gelo	Rechts, **Abstecher** zum Monte Nero: links über Rif. Timparossa (Bike = 2,8 km, 195 hm, Hike = 1,5 km, 200 hm)	P
5	13,1	1390		Serpentine, Schild »Zona A«	Links, den Hauptweg verlassen, nach 100 Metern Bike ca. 0,6 km über Lavastrom schieben	P
6	14,2	1385		T-Kreuzung	Links zum Rifugio Casameta	P
7	15,2	1390		Y-Gabelung	Links dem Hauptweg folgen	P
8	22,9	1655		Rifugio Scavo	Gerade, aufwärts	P
9	26,3	1845		Rifugio Palestrina	Gerade	P
10	27,2	1875	•	Scheitelpunkt	Gerade	P
11	28,2	1830		Rifugio Galverina	Gerade, dem Hauptweg folgen	P
12	32,2	1680		Wegedreieck	Rechts auf Asphaltweg	A
13	33,8	1655		Grüne Schranke	Links durch grüne Schranke	A
14	35,4	1715		Provinzstraße Schild »SP72/km 17«	Links, aufwärts	A
15	37,9	1845		Rifugio Sapienza	Gerade, »Zafferana«, **Abstecher** zum Torre del Filosofo (s. Tour 19).	A
16	39,8	1745		Einmündung	Gerade, »Zafferana«	A
17	56,2	595		Zafferana / Via S. Giacomo	Links, sofort wieder rechts in Via Pittore Sciuti	A
18	56,5	565		Via Roma	Links, über Via Liberta auf SP59/I, »Linguaglossa«	A
19	61,7	705		Kirche Milo	Links, sehr steil bergauf	A
20	62,9	805		Fornazzo	Links, »Piano Provenzana«/ »Rifugio Citelli«	A

Tour 13: Grande Giro dell'Etna

21	78,1	1545	↱	Abzweig Rif. Citelli	Rechts, **Abstecher**: gerade aufwärts zum Rifugio Citelli (1 km / 100 hm)	A
22	77,2	1485	↓	Lavastrom von 2002	Geradeaus	A
23	83,5	1370	•	Startpunkt	Rifugio Brunek / Rifugio Ragabo	A

Ätna, Nordflanke

einem Trail über einen Lavastrom geschoben werden. Der Wegverlauf zieht nun, mal durch dichten Mischwald, mal über unwirkliche Lavawüste, an zahlreichen Biwak-Hütten vorbei, stetig aufwärts. Von herrlichem Panorama begleitet werden die Ausmaße des Vulkankegels langsam am eigenen Leib spürbar. Nach Kilometer 30 ist der erste Scheitelpunkt der Giro erreicht, eine lang gezogene Abfahrt endet direkt auf der von Nicolosi kommenden Provinzstraße Nr. 92. Jetzt sind es nur noch 1,5 Kilometer bis zum Besucherzentrum Ätna-Süd hinauf. Im Self-Service-Ristorante des *Rifugio Sapienza* werden durchgehend warme Speisen gereicht. Wer für die Tour zwei Tage eingeplant hat, wird vermutlich hier oben übernachten und hat somit genug Zeit auf der Piste der Allradbusse, die neben der Sessellift-Talstation beginnt, Richtung Torre del Filosofo hinaufzufahren. Eine ebenso lang gezogene wie serpentinenreiche Abfahrt auf der kaum befahrenen Provinzstraße Nr. 72 führt nun nonstop nach Zafferana Etnea – »La Citta del miele« (Die Stadt des Honigs). Von dort sind es »nur« noch 13 Kilometer über den östlichen Teil der »Strada di Mareneve« zum Rifugio Brunek hinauf.

Ein etwa 1000 °C heißer Lavafluss

Transsizilien – *Vom Sandstrand zur Lavawüste*

Bikegebiet Transsizilien: 332 km, 8115 hm, 6 Tage

Seitdem Uli Stanciu Anfang der 1990er-Jahre zum ersten Mal von einer Alpenüberquerung berichtete, haben sich mehrtägige Crosstouren zum absoluten Boom entwickelt.
Interaktive Routenplaner mit bis auf den letzten Müsliriegel durchprogrammierten Roadbooks und bald auch GPS-Navigation sorgen für den technischen Overkill im Alpenraum! Wesentlich mehr Pioniergeist erfordert die nicht weniger anstrengende Querung des sizilianischen Apennins.
Die durchweg fahrbaren, aber teils sehr holprigen 332 km starten in der mittelalterlichen Küstenstadt Cefalù und queren in aussichtsreichem Auf und Ab die drei großen Naturparks Siziliens: den steil aufsteigenden Parco delle Madonie, die sanften Bergkämme des Parco dei Nebrodi und den faszinierenden, aktiven Vulkankegel des Parco dell'Etna. Das große Ziel der Tour – den 3340 Meter hohen, häufig schneebedeckten Ätna, haben Sie ab dem dritten Tag oftmals im Visier. Auf schattigen Forstwegen, einsamen Bergstraßen und vergessenen Maultierpfaden sind zudem herrliche Ausblicke auf das Tyrrhenische Meer und auf die einsame, eindrucksvolle Landschaft im Inland Ihre Wegbegleiter.
Am Ende der Route führt ein 2000 Höhenmeter-Downhill von der Lavawüste des Ätna nonstop hinunter zur Ostküste nach Catania. Die Übernachtungen erfolgen in abgelegenen, urigen Berghütten sowie in kleineren, familiär geführten Hotels bzw. B&Bs. Um den Kohlenhydratspeicher aufzufüllen werden dort garantiert keine Touristenmenüs, sondern echte »Cucina Siciliana« serviert.

Schwierigkeitsgrad
Bikespaß ist auf der Transsizilien-Route nur für Biker mit guter Kondition gewährleistet. Da die Ortschaften bzw. Berghütten auf der Strecke weit auseinander liegen, ist ein Verkürzen der Tagesetappen meist nicht möglich. Die stark erodierten und grobschottrigen Pisten im westlichen Nebrodi-Gebirge (Giorno 3) sind selbst mit vollgefederten Bikes eine Herausforderung an Mensch und Material. Die Tour kommt auf der kompletten Länge, von einigen kurzen Steilpassagen abgesehen, ohne Schiebepassagen aus.

Gepäck / Ausrüstung
Zur Gepäckbeförderung ist erfahrungsgemäß ein 30- bis 35-Liter-Rucksack notwendig. Dieser sollte aufgrund weniger Ortschaften und langer Mittagspausen vor Lebensmittelläden neben der Ausrüstung auch Proviant für einen ganzen Tag aufnehmen können. Warme, winddichte Kleidung ist aufgrund der Höhe und des Windes auch in den Sommermonaten unabdingbar.

Zusätzlich zu der im Kapitel »Unterwegs« genannten Ausrüstung empfehlen wir:

Für's Biken:
– Wasserdichte Jacke und Überhose
– Ersatztrikot und -radhose
– Langarm-Funktions-Unterhemd
– Dünner Langarm-Fleecepullover

Für abends:
– Leichte, lange Hose
– T-Shirt, Unterwäsche, Socken
– Mini-Waschset (Probepackungen)
– Mini-Taschenlampe

Transsizilien – Vom Sandstrand zur Lavawüste

Ein Hüttenschlafsack wird in den Rifugi nicht benötigt.

Unterkünfte / Bikeshops
Um Ihr Tourengepäck so gering wie möglich zu halten, finden Sie bei den herausnehmbaren Roadbooks auch den unten stehenden Block mit allen notwendigen Zusatzinformationen der Transsizilien-Tour.

Startort: Cefalù (siehe Bikegebiet Parco delle Madonie)

Zielort: Catania, Piazza Duomo

Anreise von Catania nach Cefalù: via Bahn mit Umstieg in Messina oder via Überlandbus nach Palermo und von dort per Bahn nach Cefalù.

Zusatzinfos Transsizilien – 332 km, 8115 hm, 6 Tage

Startort Cefalù:
Bikestation Kalura, Tel. 0921-421354, Anfahrt: vom Bahnhof über die Küstenstraße SS113 Richtung Messina (ca. 2,5 km)

Tour 14/Giorno Uno: *Länge: 45 km, Höhendifferenz: 1895 hm*
Einkehr/Verpflegung: Gratteri (Bars und ein Ristorante an der SP29)
Unterkünfte: Rifugio Ostello della Gioventu Piero Merlino, Tel. 0921-649995, Rifugio Marini, Tel. 0921-649994, kurz nach dem Piano Battaglia, ausgeschildert

Tour 15/Giorno Due: *Länge: 70,5 km, Höhendifferenz: 1020 hm*
Einkehr/Verpflegung: Petrallia Soprana und Gangi (Alimentari, Ristorante)
Reparatur: Gangi, an der SS120 (300 m hinter der Bar)
Unterkunft: Mistretta, Hotel/Pizzeria Sicilia, Tel. 0921-381463

Tour 16/Giorno Tre: *Länge: 53 km, Höhendifferenz: 1625 hm*
Einkehr/Verpflegung: keine
Unterkunft: Rifugio Miraglia, Tel. 095-7732133

Tour 17/Giorno Quattro: *Länge: 78,7 km, Höhendifferenz: 1455 hm*
Einkehr/Verpflegung: Floresta, Trattoria »Il Fienile« (Mo. geschlossen), Tel. 0941-662313, Bars und Alimentari; Randazzo, Trattorien, Cafés etc.
Bikeshop: Velo e Moto, Tel. 095-7991731, an der Hauptsraße Ri. »Ätna«, kurz hinter der Unterführung, Besitzer (Antonio) spricht deutsch!
Unterkunft: Rifugio Brunek, Tel. 0956-43015

Tour 18/Giorno Cinque: *Länge: 41,2 km, Höhendifferenz: 1550 hm*
Einkehr/Verpflegung: keine
Unterkunft: Rifugio Sapienza, 095-911062; Hotel Corsaro***, Tel. 095-914122 (unweit vom Rif. Sapienza)

Tour 19/Giorno Sei: *Länge: 47 km, Höhendifferenz: 1065 hm*
Einkehr/Verpflegung: Nicolosi
Unterkunft Catania: zahlreiche Hotels, u.a. Pension Rubens*, Via Etnea 196, Tel. 095-317073 und Hotel Gresi**, Via Pacini 28, Tel. 095-322709
Bikeshop: La Bicicletta, Via Monserrato 52 (nahe der FCE Stazione Borgo), Tel. 095-447101

Tour 14: Percorso Trans-Madonie

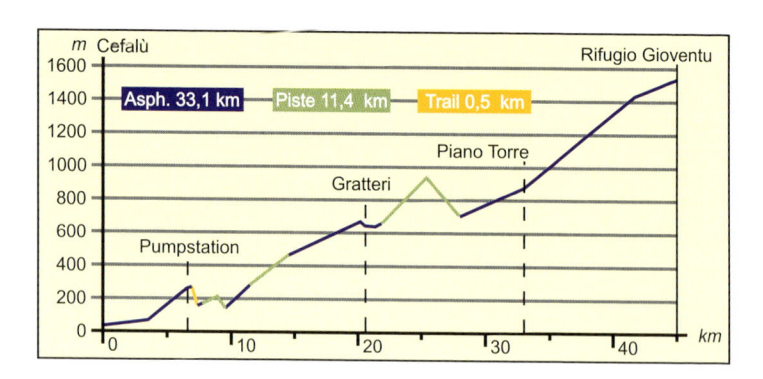

Tour-Infos:

Länge: 45 Kilometer
Höhendifferenz: 1895 m
Zeit: 5,5 Std.
Ausgangsort: Cefalù, Bike-Station Kalura, 3 km östlich vom Stadtzentrum (Richtung Messina), beim Abzweig der Küstenstraße SS113 (links).
Etappenziel: Piano Battaglia, Rifugio Ostello della Gioventu Piero Merlino (C.A.S.), Tel. 0921-649995, Halbpension ca. 40,- Euro pro Person. Alpenvereinsmitglieder erhalten Ermäßigung (Ausweis bei Anmeldung vorzeigen).

Alternative Übernachtung: Rifugio Marini (C.A.I.), Tel. 0921-649994, kurz nach dem Piano Battaglia-Schild rechts am Straßenrand. Hotel Pomieri**, nach ca. 5 km auf Tour 15, Tel. 0921-649998, Fax 0921-649855
Schwierigkeit: mittel
Einkehr/Verpflegung: Gratteri (Bars und Ristorante), Isnello (ca. 3 km von der Strecke entfernt, Trattoria Smeralda, am Ortsbeginn rechter Hand)

Etappenbeschreibung

Anfänglich folgt die Route der Tour 9. Bei WP22 trennen sich die Wege, es geht rechts auf Asphalt die SP9, später SP54 in angenehmen Serpentinen, durch massige Eichenwälder, in windige Höhen zum Piano Battaglia hinauf. Dichte Wälder, steiniger Boden und wenig Verkehr. Auf dieser Hochebene ist im Winter sogar ein Skilift im Betrieb. Wer noch Kraftreserven hat, kann von hier den Tag mit einer Hiketour zum zweithöchsten Gipfel Siziliens, dem Pizzo Carbonara (1979 m) krönen.

Start am Capo Kalura

Tour 14: Percorso Trans-Madonie

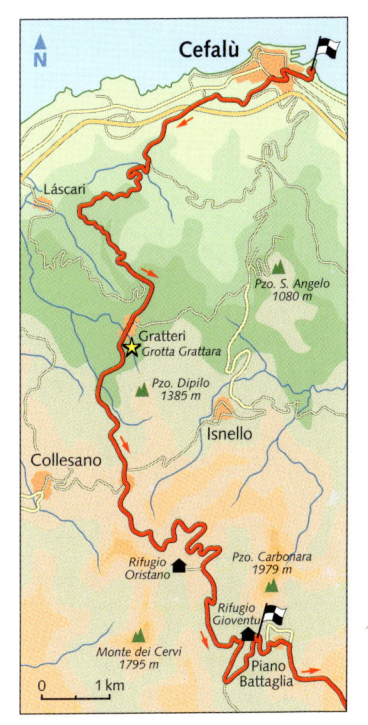

Ginster-Trail

Percorso Trans-Madonie 45 km 1895 hm 5,5 Std.

WP	km	Hm	Sy	Ort	Richtung/Beschreibung	W
1	0	35		Hotel Kalura Abzw. SS113	Rechts auf Küstenstr. SS113	A
2	0,05	40		Abzweig	Links »A20«, kurzer Tunnel (Gehweg)	A
3	1,1	55		Beginn SP54	Links, »A20 Palermo«/»Gibilmanna«, am Ospedale vorbei	A
4	3,4	75		Stoppschild	Nach kurzer Abfahrt links »San Biagio«, SP136	A
5	6,5	250		Y-Abzweig	Links der Hauptstraße folgen (rechts ist »Vatanara« beschildert)	A
6	6,6	255		Strommast (Pumpstation)	Rechts, nach 10 m zwischen den beiden Gebäuden rechts abwärts auf Trail (anfangs verwachsen). **Variante 1**: scharf rechts auf Asphaltstraße zu WP 7	T
7	7,1	185		Asphaltstraße	Links auf Asphalt, über Brücke	A

83

Tour 14: Percorso Trans-Madonie

#	km	m		Ort	Richtung	
8	7,6	190		Erster Abzweig nach Brücke	Rechts auf Fahrweg	P
9	8,0	205		Pinien	Links, nach 100 m rechts	P
10	9,0	170		Gartentore	Links auf Asphalt	A
11	10,9	175		Eukalyptuswald	Nach Linkskurve: links steil bergauf (rechter Hand ist eine Ausfahrt mit Tor)	A
12	11,5	265		Schild »Corpo Forestale«	Rechts auf Forstweg	P
13	13,8	360		Abzweig	Links, nach 500 m rechts aufwärts	P
14	14,7	435		Grünes Tor	Links auf Asphaltstraße (SP29), Beschilderung »Gratteri« folgen	A
15	20,2	660		Agip-Tankstelle	Rechts »Gratteri«, nach 20 m links in die »Viale Vittorio Emanuelle«	A
16	20,6	645		Corso Umberto	Rechts, bis Kirche, dort auf Kopfsteinpflaster durch enge Gassen abwärts	A
17	20,9	635		Via Fiume	Gerade, dann einige Stufen aufwärts. **Abstecher:** Links zum Eingang der »Grotta Grattara« (ca. 0,6 km)	A
18	21,0	650		Ortsende (Brunnen)	Steil bergab auf Natursteinpflaster	P
19	21,5	625		Schild »Parco delle Madonie«	Steil bergauf, dann immer dem Hauptweg folgen (Natursteinpflaster)	P
20	24,3	815		Waldlichtung	Links, oberhalb nochmals links, den Schildern der Gasleitung folgen	P
21	25,6	945		höchster Punkt	Durch Tor	P
22	27,8	715		Asphaltstraße	Rechts auf Asphalt (SP9)	A
23	28,3	740		Abzweig Collesano	Halblinks »Piano Zucchi / Battaglia« auf SP54	A
24	33,0	860		Hotel Piano Torre	Gerade	A
25	42,2	1420		Abzweig Polizzi G.	Links, »Piano Battaglia«	A
26	44,2	1525		Abzweig	Links, »Rifugio Ostello della Gioventu«	A
27	45,0	1545		Rifugio Ostello della Gioventu Piero Merlino		

Tour 15: Fra Madonie e Nebrodi

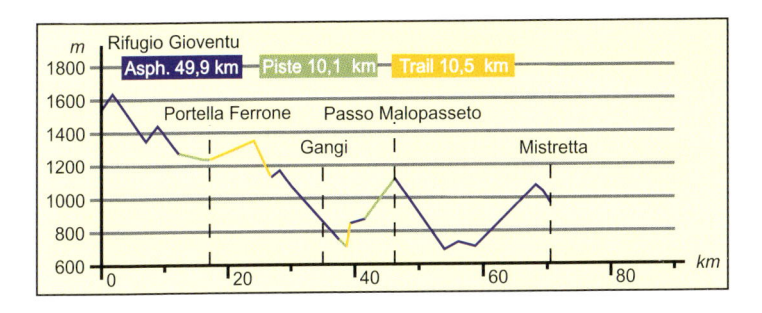

Chart showing elevation profile:
- Rifugio Gioventu
- Asph. 49,9 km — Piste 10,1 km — Trail 10,5 km
- Portella Ferrone
- Passo Malopasseto
- Gangi
- Mistretta

Tour-Infos:

Länge: 70,5 Kilometer
Höhendifferenz: 1020 m
Zeit: 6,5 Std.
Ausgangsort: Piano Battaglia, Rifugio della Gioventu Piero Merlino.
Tagesziel: Mistretta, Hotel/Pizzeria Sicilia, Tel. 0921-381463. Übernachtung ohne Verpflegung im Doppelzimmer ca. 40,– Euro. Einfachst-Unterkunft. Doppelbett vorziehen, da härtere Matratzen. Schrankhöhe beachten! Schöner Ausblick von Zimmern mit Terrassenzugang auf den Ort. Alternativen in der Umgebung gibt es nicht, aber 12 km Richtung Küste auf 600 m, bei Reitano, liegt das Agriturismo Villa Mara, Tel. 0921-338286 (Roberto).
Schwierigkeit: leicht bis mittel. Gute 70 technisch einfache Kilometer sind zwischen den Naturparks Madonie und Nebrodi zurückzulegen. Eine entsprechende Ausdauer ist erforderlich.
Einkehr/Verpflegung: Petralia Soprana (Alimentari, Bar); Gangi (alles).

Etappenbeschreibung

Teil zwei der Madonie-Durchquerung rollt in einem Zug, anfangs auf Asphalt, später Offroad, zum reizenden Bergort Gangi hinunter. Kurze Zwischenanstiege, schöne Ausblicke ins weite, hügelige Inner-Sizilien, mit etwas *Fortuna* auch auf den Ätna. Erste Rastmöglichkeit ist das nahe an der Strecke gelegene Bergdorf Petralia Soprana. Hier beginnt der Übergang zwischen Madonie und Nebrodi. Ein Labyrinth aus Gassen und Treppenwegen gibt es im 10 000 Einwohner zählenden Gangi zu entdecken. Im oberen Teil der ehemaligen Sikulersiedlung sind viele Häuser in den Fels gebaut. Weiter auf einer *Reggio Trazziere*, einem ehemals »königlichen Hirtenweg« ins Tal, dann hoch zur Asphaltstraße, die geradlinig zum

Durchblick

Tour 15: Fra Madonie e Nebrodi

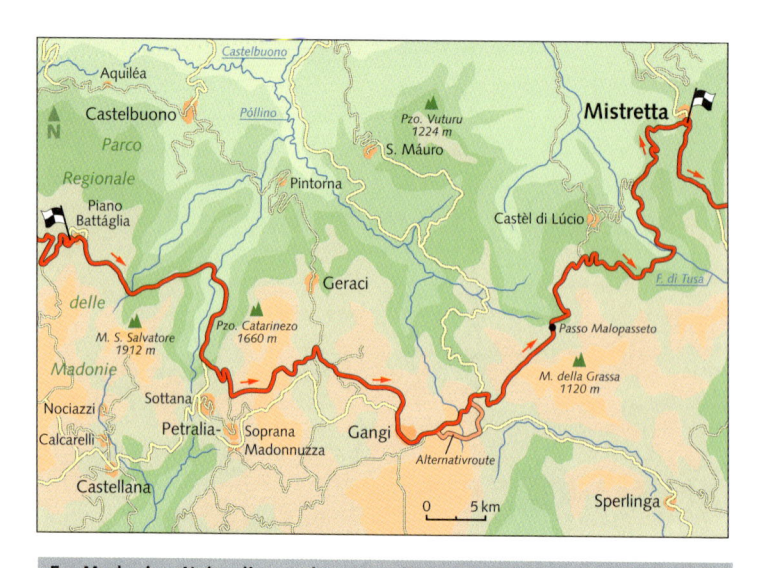

Fra Madonie e Nebrodi   70,5 km   1020 hm   6,5 Std.

WP	km	Hm	Sy	Ort	Richtung/Beschreibung	W
1	0	1545		Rifugio della Gioventu	Auffahrt runter, links auf SP54 aufwärts, »Piano Battaglia«	A
2	1,7	1650		Piano Battaglia	Gerade, kurzer Gegenanstieg	A
3	12,2	1265		Nach Rechtskurve	Links, dann parallel zur SP54 aufwärts	P
4	15,8	1250		Grünes Tor	Gerade	P
5	17,1	1250		Portella Ferrone (Holzkreuz in Naturstein)	Links, nach 50 m (vor Tor) rechts auf Feldweg, »Sentiero 25A«. **Abstecher:** gerade nach Petralia Soprana (2 km)	T
6	22,6	1295		Weidezäune	Gerade, nicht auf Viehweiden abzweigen	T
7	24,0	1370		100 m nach höchstem Punkt	Rechts hinunter, durch Weidezaun, an verlassenem Haus vorbei	T
8	26,7	1125		Asphaltstraße	Links, nach 50 m bei Brunnen rechts hinauf	A
9	30,0	1065		Serpentine	Rechts	A
10	33,6	880		SS120 (Brunnen)	Links, »Gangi«	A
11	35,0	875		»Gangi«, Bar Gelateria	Der SS120 folgen, Fahrradreparatur: »Tutto Moto«, SS120 (nach 200 m links)	A
12	36,5	865		Mülltonnen	Links hinunter, »Autocarosseria«, **Variante** (einfacher zu WP16): weiter auf SS120, nach ca. 2 km links auf SP60	A

86

Tour 15: Fra Madonie e Nebrodi

13	37,6	770	⌐	Natursteinmauer	Rechts auf Schotterpiste	P
14	38,4	715	↓	Tiefpunkt	Auf Feldweg bergauf (Schiebepassagen)	T
15	39,3	805	⊤	Abzweig	Rechts aufwärts auf Fahrweg	P
16	39,5	830	⌐	Stoppschild	Links hinunter auf SP60 (nach 200 m Kilometerschild 31/SP60),	A
17	39,9	815	⌐	Abzweig	Rechts hinauf, »Castel di Lucio«, immer gerade auf Hauptweg halten	A/P
18	46,2	1130	↓	Passo	Gerade bergab Malopasseto	A
19	51,8	745	⊤	T-Kreuzung	Rechts auf SP176, »Mistretta/SS117«	A
20	69,7	1010	⌐	Ortsbeginn Mistretta, kleine Piazza	Gerade ins Centro	A
21	70,1	985	⌐	Palazzo Giustizia	Rechts, die Via Verdi hinunter; zum Hotel Sicilia: links (200 m)	A
22	70,5	975	•	Piazza G. Marconi Mistretta		

Passo Malopasseto hochzieht. Eine berauschende Abfahrt folgt.

Vor Castel di Lucio rechts auf die SP176, den Ort und den tiefen Einschnitt des *Fiume di Tusa* in einem weiten Rechtsbogen umgehend. Die Straße hangelt sich wellig auf und ab, drei Flusstäler werden gequert, bevor ein schweißtreibender, langer, jedoch letzter Anstieg auf Asphalt zur Anhöhe des mittelalterlichen Nebroden-Ausgangsortes Mistretta führt.

Passo Malopasseto

Mistretta

Tour 16: Percorso Trans-Nebrodi

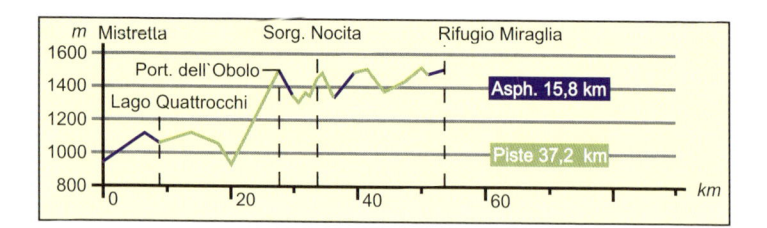

Tour-Infos:

Länge: 53 Kilometer
Höhendifferenz: 1625m
Zeit: 6,5 Std.
Ausgangsort: Mistretta Zentrum, Piazza Guglielmo Marconi
Externe Anfahrt: Von San Stefano di Camastra (an der Küstenstraße SS113 Messina-Palermo gelegen) über die kaum befahrene SS117 (ca. 16 km)
Tagesziel: Rifugio Miraglia, Tel. 095-7732133, Halbpension pro Person ca. 45,– Euro. Urgemütliches Steinhaus mitten im Wald, gute Hausmannskost, Bierbänke im schattigen Garten. Keine alternative Übernachtung, nächste Möglichkeit im Inland in Cesarò (ca. 20 km/1150 m.ü.M.) oder Richtung Küste in San Fratello (ca. 20 km/675 m.ü.M.)
Schwierigkeit: anspruchsvoll
Die holprigen, teils erodierten Pisten der westlichen Nebroden und etliche kurze, aber knackige Anstiege verlangen Mensch und Material viel ab. Die Durchschnittsgeschwindigkeit liegt meist nur bei 6 km/h!
Einkehr/Verpflegung: keine

Etappenbeschreibung

Lange, einsame Passagen durch riesige Eichenwälder in absoluter Ruhe, ab und an queren Kühe, Pferde und Nebroden-Schweine den Weg. Die Nebroden-Querung zeigt sich anfangs von ihrer besten Seite. Beschwingtes Einrollen bei leichter Steigung auf der ruhigen Asphaltstraße SS117 zum Einstieg »Serra Merio«. Lässiges Herunterrollen zum Lago Quattrocchi, Hineinschweben in die bewaldete Nebrodenlandschaft und dann herab bis auf unter 1000 Höhenmeter.

Jetzt beginnt die Ackerei, die Rüttelei und die Quälerei auf grobem Stein. Keine Besserung bis zur Portella dell' Obolo in Sicht. Dort empfiehlt sich eine Rast in der kleinen Picknickzone. Wohlig weich und glatt – der geschmeidige Asphalt der SS289 scheint geradezu Streicheleinheiten zu verteilen. Ebenso easy going sind die ersten Kilometer auf dem anfänglich asphaltierten Nebroden-Höhenweg. Ruhe vor dem Sturm: Im Offroadbereich starten wieder die Rüttelpartien, die mal mehr, mal weniger die Federgabeln zum Durchschlagen bringen.

Nebroden-Höhenweg

Tour 16: Percorso Trans-Nebrodi

Eichenwald in den Nebroden

Blick auf die Liparischen Inseln

Tour 16: Percorso Trans-Nebrodi

Percorso Trans-Nebrodi 53 km 1625 hm 6,5 Std.

WP	km	Hm	Sy	Ort	Richtung/Beschreibung	W
1	0	975		Piazza Guglielmo Marconi	Bar »Extra Bar«, bergauf Via Nazionale »Nicosia« (nach 400 m Agip-Tankstelle)	A
2	6,5	1120		Serra Merio	Links, »Portella dell'Obolo«	A
3	8,8	1040		Lago Quattrocchi	Wegverlauf folgen	P
4	10,5	1000		Abzweig	Rechts aufwärts, »Portella dell'Obolo«	P
5	14,0	1110		Abzweig	Rechts aufwärts dem Hauptweg folgen	P
6	18,1	1030		Abzweig	Rechts	P
7	20,0	925		Abzweig	Rechts	P
8	22,2	1150		Abzweig	Rechts durch Weidezaun	P
9	27,7	1500		Port. dell'Obolo	Rechts auf SP186 (km 28/SP186)	A
10	28,9	1470		Nach Km-Schild 29/SP186	Links, »Portella Femmina Morta«	A
11	29,8	1385		Y-Gabelung	Rechts, Schotter-Asphalt-Mix	P
12	33,7	1415		Sorgente Nocita	Wegverlauf folgen	P
13	34,6	1465		Kuppe	Gerade	P
14	36,4	1365		Asphalt	Gerade (teils alte Asphaltreste)	A
15	39,9	1465		Ende Asphalt	Gerade aufwärts auf Forstweg	P
16	40,8	1485		Einmündung	Rechts	P
17	41,0	1500		Gabelung	Rechts	P
18	44,5	1390		Portella Scarno	Gerade	P
19	47,5	1450		Gabelung	Rechts	P
20	50,5	1515		Wegweiser	Rechts hinunter	P
21	51,6	1460		Portella della Maria	Links auf Asphaltstraße SS289	A
22	53,0	1505		Rifugio Miraglia		

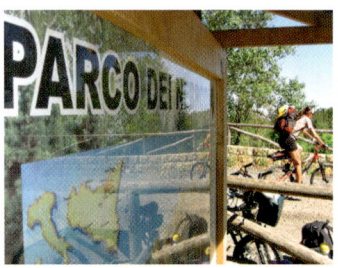

Rifugio Miraglia

Parco dei Nebrodi

Tour 16: Percorso Trans-Nebrodi

Mit Schwung durch die Nebroden...

Tour 17: Percorso Trans-Nebrodi Ovest

Tour-Infos:

Länge: 78,7 Kilometer
Höhendifferenz: 1455m
Zeit: 6,5 Std.
Ausgangsort: Rifugio Miraglia, Portella Femmina Morta
Externe Anfahrt: von der Nordküste an der Ausfahrt »Sant'Agato Militello« der A20 auf die SS113 Richtung »Acquedolci«, kurz darauf auf die SS289 Richtung »San Fratello« abbiegen. (ca. 30 km)
Tagesziel: Rifugio Brunek, Tel. 0956-43015 (Michele, sprich: Mikele), Halbpension ca. 40,– Euro. Sehr gemütliches, mitten im Wald gelegenes, einfaches Alpenvereinshaus aus Lavastein, gute Hausmannskost. Gegenüber Rifugio Ragabo (CAS), Tel. 095-647841
Alternativ: Übernachtung in Randazzo, Hotel Scrivano, Tel. 095-921126 oder Bed & Breakfast im Zentrum
Schwierigkeit: mittel
Sanfte Forstpisten, gefolgt von einer langen Abfahrt leiten über zur asphaltierten Auffahrt zum Ätna-Rifugio. Ausdauer nötig mit beinahe uneingeschränktem Bikespaß.
Einkehr/Rast: Floresta, Trattoria »Il Fienile« (Carlo), Montags geschlossen, Tel. 0941-662313, typische Nebrodi-Spezialitäten. Bars und Alimentari im Ort.

Etappenbeschreibung

Östliche Nebroden-Fortsetzung, die über hügeliges, meist aussichtsreiches Gelände führt. Die großen Waldflächen des Vortages weichen Wiesen und Kuhweiden. Ausblicke auf die Liparischen Inseln und den Ätna tun sich bei klarem Wetter auf. Am Fuße des Monte Soro, des höchsten »Gipfels« der Nebroden mit 1847 m, führt der *Sentiero* zum Maulazzo-See hinab. Einige kleine Wasserläufe werden überquert, der *Lago Biviere* passiert und durch kleinere Waldgebiete geht es bergauf zur *Portella Balestra* und weiter zur *Serra Pignataro*. Wegbeschaffenheit und Aussicht laden zu einem Sightseeing per Rad ein. Drei hübsche kleine Seen: *Lago di Trearie*, *Cartolarie* und *Pisciotto* folgen beidseitig der Strecke, und bald beginnt ein letzter Anstieg, jetzt auf Asphalt. Nach Erreichen der SP116 wird rechts der Nebroden-Ort Floresta angesteuert.

In Floresta angelangt möchte man sofort den von Ginster- und Hagebuttensträuchern umschlungenen, aussichtsreichen Downhill zum Flusstal Alcántara hinabstürzen, einen kurzen, dicht bewaldeten Gegenanstieg bezwingen, um dann dem Vino Rosso Etna D.O.C Ort Randazzo und dem Ätna entgegenzuschweben. Es geht aber auch anders: »Siesta in Floresta«, um in einer der drei Bars *Cappucco* zu schlürfen oder bei Carlo im Ristorante »Il Fienile« eine Pasta con

Tour 17: Percorso Trans-Nebrodi Ovest

Ginsterwald in den Nebroden »*Aquaplaning*«

Tour 17: Percorso Trans-Nebrodi Ovest

Percorso Trans-Nebrodi Ovest   78,7 km   1455 hm   6,5 Std.

WP	km	Hm	Sy	Ort	Richtung/Beschreibung	W
1	0,0	1505		Rifugio Miraglia	Rechts auf SS286, »Portella Femmina Morta«	A
2	0,4	1525		Portella Femmina Morta	Rechts »Monte Soro«	A
3	1,8	1555		Portella Calacudéra	Links »Portella Mitta«, **Option**: Abstecher zum Monte Soro (5 km/300 Hm)	P
4	4,1	1450		Lago Maulazzo	Links, dem Uferweg folgen	P
5	6,5	1335		Lichtung	Rechts abwärts, »Portella Femmina Morta«, nach 100 m Bachquerung	P
6	9,6	1275		Portella Biviere	Rechts aufwärts	P
7	13,5	1400		Rechtskurve	Rechts	P
8	14,6	1445		Weidegatter	Rechts »Portella Femmina Morta«	P
9	15,6	1530		Portella Balestra	Gerade	P
10	17,4	1535		Abzweig	Rechts aufwärts	P
11	18,3	1610		Località Favotorto	Wasserstelle	P
12	23,4	1465		Contrada Cartolari	Gerade	P
13	25,6	1340		Portella Dàgara	Rechts	P
14	27,2	1230		Località Filippelli	Gerade	P
15	30,3	1365		Portella Castagnera	Halblinks, abwärts auf Asphalt	A
16	32,7	1255		SS116	Rechts, »Floresta«	A
17	35,3	1275		Haus, Ortsrand Floresta	Rechts abwärts. **Einkehr/Rast**: weiter nach Floresta	A
18	36,0	1265		Abzweig	Links abwärts auf Hohlweg (Schild »Zona B«)	P
19	38,9	1100		Weidegatter	Gerade aufwärts, durch Weidegatter	P
20	40,3	1080		Ponte San Giaccomo	Fiume Alcántara queren, Holzschild »Santa Maria del Bosco«	P
21	40,9	1070		Verzweigung	Links, steil bergauf	P
22	41,8	1155		Wasserstelle	Gerade, Hauptweg folgen	P
23	42,3	1170		Verzweigung	Rechts, abwärts, »Santa Maria del Bosco«	P
24	44,4	1100		Verzweigung	Rechts, »Camincello Baiardo«	P
25	47,2	950		Verzweigung vor Parktor	Durch Eingangstür neben Tor	P/A

Tour 17: Percorso Trans-Nebrodi Ovest

26	51,3	760		»SS 116«	Rechts, auf Hauptstraße den »Fiume Alcántara« überqueren	A
27	52,0	780		Randazzo SS120	Rechts auf SS120, »Centro«, nach 250 Meter das Hotel Scrivano passieren	A
28	52,3	795		Große Piazza	Links, nach 30 Meter wieder links, dann rechts Richtung »Stazione« in die Via Galliano	A
29	52,7	795		Stazione Circumetnea	Links durch Unterführung der Via Galliano folgen, später SP230	A
30	57,6	870		Ende Asphalt	Gerade auf Piste	P
31	58,5	960		T-Kreuzung	Rechts aufwärts, nach 100 Meter links auf Provinzstraße	A
32	68,7	700		Pizzeria Sciaramanica	Rechts, »Ätna Nord«	A
33	78,7	1370	•	Rif. Brunek Rif. Ragabo	Tagesziel	A

Funghi zu schlemmen. *Buon Apetito e tanti saluti a Carlo*. Nach der Gebirgseinsamkeit ist Randazzo der erste größere Ort, in dem »aufgetankt« werden kann und Kräfte für die ausgedehnte Asphaltstraße zum Ätna-Nord-Gebiet gesammelt werden können. Speis, Trank und Bett im Rifugio Brunek der Sektion Brunek des *Club Alpino Italiano*.

Den Ätna im Visier

Tour 18: Percorso Trans-Ätna

Tour-Infos:

Länge: 41,2 Kilometer
Höhendifferenz: 1550m
Zeit: 6 Std.
Ausgangsort: Rifugio Ragabo/ Rifugio Brunek
Tagesziel: Rifugio Sapienza (Ätna-Süd), Tel. 095-911062; Hotel Corsaro***, Tel. 095-914122 (nahe Rif. Sapienza)
Schwierigkeit: mittel
Herrliche Fahrt über gut ausgebaute Lavapisten. Der Untergrund ist durch den häufigen Ascheregen teils sandig.
Einkehr/Verpflegung: keine; die als Rifugio bezeichneten Biwak-Hütten sind Schutzräume mit Feuerstelle und gemauerten Liegen ohne Matratze. Wasser kann theoretisch bei einigen Hütten aus einem Brunnen gepumpt, sollte aber abgekocht werden.

Etappenbeschreibung

An den Hängen des mächtigen Ätna verbindet auf 2000 Höhenmetern eine hervorragend präparierte Lavapiste die beiden Rifugi Brunek (Ätna-Nord) und Sapienza (Ätna-Süd). Der Ätna-Höhenweg fasziniert mit grandiosen Ausblicken, einem abwechslungsreichen Verlauf zwischen Waldgrenze und Lavawüste sowie einigen Schutzhütten des Club Alpino Italiano.

Nur einen Kilometer oberhalb des Rifugios ist 2002 ein zweihundert Meter breiter und mehrere Meter dicker Lavastrom über die *Strada di Mareneve* geflossen. Unterhalb vom Rifugio Brunek führt eine Forstpiste durch dichten Pinienwald auf eine kleine Anhöhe. Dort ist im Steingebäude Caserma Pittarone der *Corpo Forestale* ein Schutzraum eingerichtet, der auch zum Übernachten genutzt werden kann. Links, fast ebenerdig, sind wir noch kurz vor der Eruption zur *Grotta delle Palombe* hinübergefahren. Auf der Piste türmen sich heute scharfkantige Lavabrocken, mehrere Meter hoch. Eine Fuß-Querung samt Bikes ist nicht empfehlenswert. Fahren Sie stattdessen am Forsthaus geradeaus, steil bergab, um die Lavazunge unterhalb zu umfahren.

Am Ende dieser »Extratour« erreichen Sie – wieder im Pinienwald – die *Grotta delle Palombe*. Nur mit einer Taschenlampe ist der Abstieg und die Erkundung der Höhle sinnvoll. Bei der Weiterfahrt stoßen Sie oberhalb der Waldgrenze auf einen Abzweig. Von hier ist erneut eine Lavahöhle – die *Grotta dei Lamponi* – in zehn Minuten zu Fuß erreichbar. Weiter abwärts geht's auf einer gut ausgebauten Lavapiste, bis ein weiterer Lavastrom bei km 16,4 die eindrucksvolle Fahrt stoppt. Dieser kann auf einem Trampelpfad überquert werden. An diversen Ätna-Schutzhütten vorbei, nun stetig aufwärts, wird einem bald die gewaltige Dimension des Vulkanriesen bewusst. Kurz nach

Tour 18: Percorso Trans-Ätna

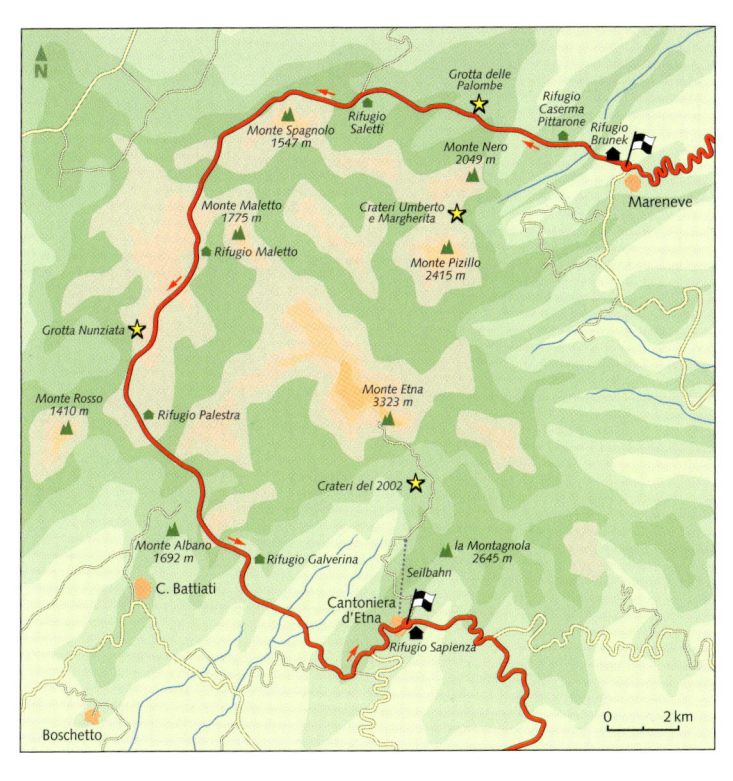

dem Rifugio Galverina beginnt ein genussreicher Downhill, der bis zur SP92 (Ätna-Süd) führt. Von dort sind es nur noch 130 Asphalt-Höhenmeter bis zum Touristenrummelplatz beim Rifugio Sapienza.

Lava-Downhill

Tour 18: Percorso Trans-Ätna

Percorso Trans-Ätna   41,2 km   1550 hm   6 Std.

WP	km	Hm	Sy	Ort	Richtung/Beschreibung	W
1	0,0	1370		Rifugio Ragabo / Rifugio Brunek	Gegenüber vom Rif. Ragabo rechts auf Forstweg, Holzschild »Posta di Cotura«	P
2	1,5	1460		Steinhaus (Corpo Forestale)	Links, dem Hauptweg folgen	P
3	6,0	1565		Rastplatz	Gerade »Monte Spagnolo« **Abstecher**: Rechts hinunter (ca. 1,6 km) zur Grotta delle Palombe.	P
4	7,8	1655		Grotta delle Gelo	Rechts, **Abstecher** zum Monte Nero: links über Rif. Timparossa (Bike = 2,8 km, 195 hm Hike = 1,5 km, 200 hm)	P
5	13,1	1390		Serpentine, Schild »Zona A«	Links, den Hauptweg verlassen, nach 100 Metern Bike ca. 0,6 km über Lavastrom schieben.	P
6	14,2	1385		T-Kreuzung	Links zum Rifugio Casameta	P
7	15,2	1390		Y-Gabelung	Links dem Hauptweg folgen	P
8	22,9	1655		Rifugio Scavo	Gerade, aufwärts	P
9	26,3	1845		Rifugio Palestra	Gerade	P
10	27,2	1875		Scheitelpunkt	Gerade	P
11	28,2	1830		Rifugio Galverina	Gerade, dem Hauptweg folgen	P
12	32,2	1680		Wegedreieck	Rechts auf Asphaltweg	A
13	33,8	1655		Grüne Schranke	Links durch grüne Schranke	A
14	35,4	1715		Provinzstraße Schild »SP72/ km 17«	Links aufwärts	A
15	41,2	1845	•	Rifugio Sapienza		

98

Tour 18: Percorso Trans-Ätna

Vulkan-Biking

Tour 19: Ätna – Catania (Flughafen)

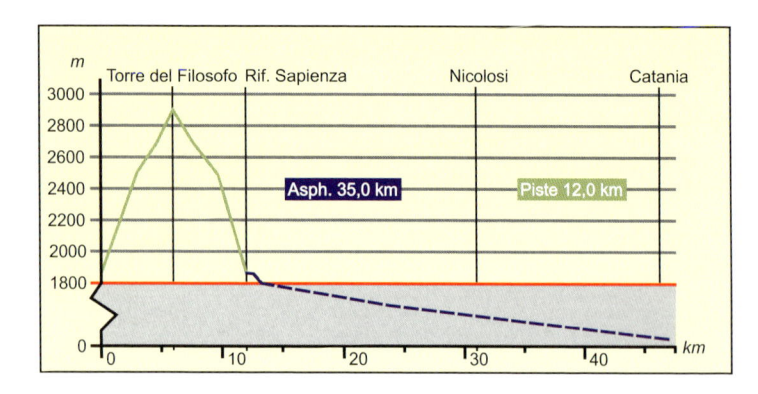

Tour-Infos:

Länge: 47 Kilometer
Höhendifferenz: 1065 m
Zeit: 6 Std.
Ausgangsort: Rifugio Sapienza
Tagesziel: Catania, Piazza Duomo
Schwierigkeit: schwer (auf der Variante leicht)
Dem schweißtreibenden Anstieg auf teils sehr steiler Lavapiste (Schiebepassagen) folgen 2700 Höhenmeter Abfahrtsspaß.
Variante: Direkt vom Rifugio Sapienza nach Catania abrollen (12 km und 1065 Hm weniger).
Einkehr/Verpflegung: Kiosk am höchsten Punkt (km 6), Rifugio Sapienza (km 12), Nicolosi (km 32).

Etappenbeschreibung

Der Tag beginnt mit einer spektakulären Krater-Exkursion. Oberhalb der Sessellift-Talstation beginnt eine gut präparierte Lavapiste, die über zahlreiche Serpentinen zu der im Jahr 2004 neu errichteten Bergstation hinaufführt. Im Oktober 2002 wurden durch die Lavaströme einer Flankeneruption die alte Station und sämtliche Skilifte zerstört. Die einst wild zerklüftete Lavalandschaft in dieser Region ist seit dem Ausbruch von einer dicken Schicht feiner Lavaasche bedeckt, was dem Landschaftsbild die weichen Formen einer schwarz gefärbten Winterlandschaft gibt. Die Piste wird nun deutlich flacher und zieht unterhalb des markanten Kraters »la Montagnola« zu einem Aussichtspunkt (2500 m) hinüber. Hier eröffnet sich ein phantastischer Blick in das Valle del Bolve und auf die gesamte Ostküste der Insel. In weiten Kurven geht's nun zu den beiden im Jahre 2002 neu entstandenen Nebenkratern hinauf. Diese haben sich direkt unterhalb des ehemaligen Vulkan-Observatoriums »Torre del Filosofo« aufgetan. Neben den freigelegten Resten dieses Gebäudes wurde ein neuer, transportabler Info-Kiosk errichtet. Er dient den heimischen Bergführern als Basecamp für ihre geführten Gipfeltouren – es werden auch Kioskartikel und Kaffee verkauft.

Catania – Piazza Duomo

Tour 19: Ätna – Catania (Flughafen)

Der geniale Downhill zurück zum Sapienza folgt der Auffahrtspiste. Freaks können bedenkenlos über die vegetationslose Skipiste abkürzen. Die weitere »Talfahrt« führt dann über asphaltierte Nebenstraßen von der einsamen Vulkanlandschaft mitten hinein in die lebendige Küstenmetropole Catania. Wärmstens empfehlen – auch an kalten Tagen – können wir einen Gelateria- bzw. Pasticceria-Stopp in der Ortschaft Nicolosi.

Hinweis: Wir weisen ausdrücklich darauf hin, dass der Aufstieg zur Gipfelzone des Ätna (oberhalb 2700) nur in Begleitung autorisierter Bergführer gestattet ist.

Rifugio Maletto

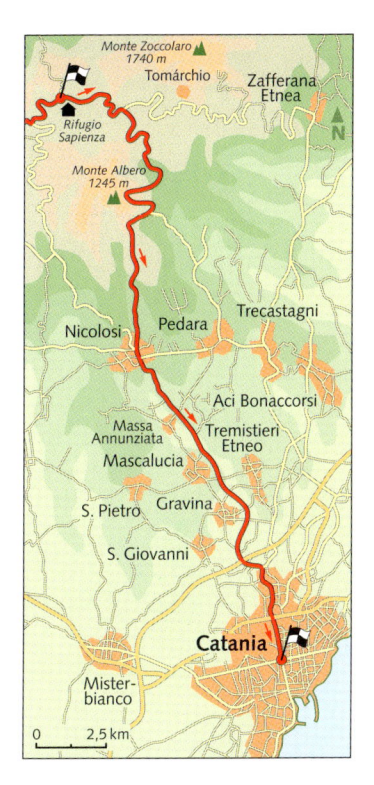

Catania im Abendlicht

Tour 19: Ätna – Catania (Flughafen)

Ätna – Catania (Flughafen)   Rifugio Sapienza – Catania

WP	km	Hm	Sy	Ort	Richtung/Beschreibung	W
1	0,0	1845		Rifugio Sapienza	Oberhalb der Sesselliftstation die Lifttrasse zweimal kreuzen	P
2	2,8	2500		Abzweig zur Bergstation	Geradeaus dem Hauptweg folgen, bald deutlich flacher	P
3	4,5	2750		Abzweig	Rechts aufwärts, **Option**: Links zum Aussichtspunkt	P
4	6,0	2910		Crateri del 2002 Torre del Filosofo	Besichtigung der Krater, auf denselben Weg zurück	P
5	9,4	2500		Bergstation	Geradeaus	P
6	12,0	1845		Rifugio Sapienza	Links auf SP92, »Zafferana«, man kann auch rechts Ri. Nicolosi fahren – die Straße ist aber etwas stärker befahren.	A
7	13,9	1745		Abzweig	Rechts, »Nicolosi«	A
8	32,0	740		Nicolosi / Via Etnea	Gerade, ab hier der Beschilderung »Catania« folgen.	A
9	47,0	30		Catania / Piazza Duomo	Tagesziel	A

Ätna – Catania (Flughafen)   Catania Centro – Catania Flughafen

WP	km	Hm	Sy	Ort	Richtung/Beschreibung	W
1	0,0	30		Catania / Piazza Duomo Elefanten-Obelisk	Via Etnea abwärts, durch die Porta Uzeda, danach sofort rechts und die erste Möglichkeit links durch die Bahn-Unterführung, dem Straßenverlauf zum Hafen folgen (Via Colombo, später Via Domenico Tempio)	A
2	2,0	20		Nach Leuchtturm	Links, Beschilderung »Lidi Plaia«, auf der Via Kennedy parallel zur Küste	A
3	4,7	20		Nach Hotel Miramare	200 Meter hinter dem Hotel rechts und sofort wieder rechts	A
4	5,6	25		Kreuzung »Via Brucoli«	Rechts in Via Giuseppe Arena	A
5	6,0	25		Kreisverkehr (mit Flugzeug)	Links, »Aeroporto«, nach 300 Metern links	A
6	6,8	30		Flughafen		

Tour 19: Ätna – Catania (Flughafen)

Ätna – Catania (Flughafen)   Catania Flughafen – Catania Centro

WP	km	Hm	Sy	Ort	Richtung/Beschreibung	W
0	0,0	30	✈	Flughafen »Fontanarossa«	Der zweispurigen Zubringerstraße folgen, nach km 0,5 rechts	A
1	0,8	25	⟳	Kreisverkehr (mit Flugzeug)	Rechts in Via Giuseppe Arena	A
2	1,2	25	✢	Kreuzung »Via Brucoli«		
3	2,1	20	♫	Nach Rechtskurve	Links und sofort wieder links auf die Via Kennedy, **Abstecher**: auf Via Kennedy rechts, nach 0,6 km freier Zugang zum Meer	A
4	4,8	25	✢	Kreuzung »Via Brucoli«	Rechts in Via Giuseppe Arena	A
5	6,0	25	⟳	Kreisverkehr	Rechts, »Centro«	
6	6,6	25	✢	Eisenbahn-Unterführung	Links, »Centro«, an der zweiten Kreuzung wieder links zum Piazza Duomo	A
7	6,8	30	•	Catania / Piazza Duomo		

Abendstimmung im Schatten des Doms

Ortsregister

Avola 27

Bronte 72

Canalazzo 45
Cassaro 30
Castelbuono 62
Catania 101
Cava Grande Cassibile 29
Cefalù 13, 50/51, 54, 81
Chiaramonte 31, 45

Eloro 29
Eremo 29

Floresta 92

Gangi 85
Giarratana 31
Gibilmanna 57
Gran Sentiero Ibleo 45

Isnello 59

Linguaglossa 68
Liparische Inseln 15

Modica 13, 25, 37
Monte Nero 71

Nicolosi 101
Noto 27

Pantalica 31
Parco dell'Etna 66
Pizzo Carbonara 50
Plaja Grande 34
Pollina 52

Ragusa 41, 46

Scicli 35
Syracusa 15, 30

Zafferana Etnea 79

104